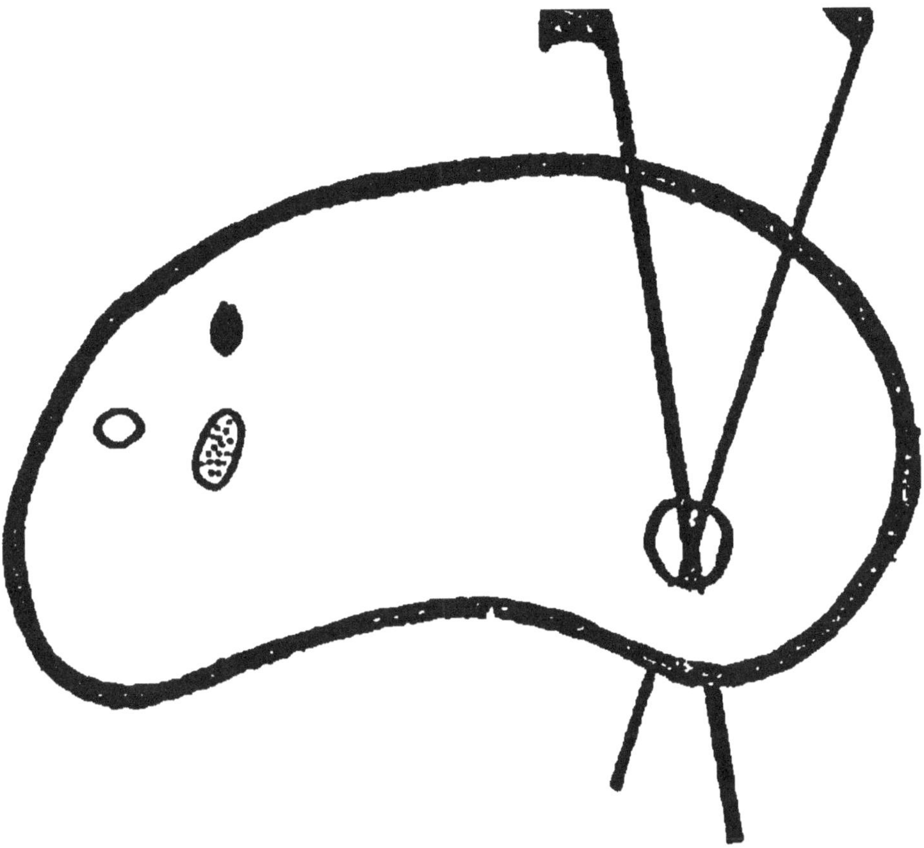

COUVERTURE SUPERIEURE ET INFERIEURE

CATÉCHISME

DE

L'ÉCONOMIE POLITIQUE

PAR

DU MESNIL-MARIGNY

SEPTIÈME ÉDITION

PRIX : 1 FR. 25

PARIS

E. PLON & Cⁱᵉ ÉDITEURS

10, RUE GARANCIÈRE, 10

1878

OUVRAGES DU MÊME AUTEUR

Qui se trouvent à la même librairie

L'Économie politique devenue science exacte (3e édition). 1 fort volume in-8. Prix . . . . 5 fr

La Liberté des ventes aux enchères (2e édition). 1 volume in-12 . . . . 3 fr

Les Céréales et la Douane. 1 volume in-12 . . . . 3 fr

Le Rôle de l'industrie française et les Traités de commerce (2e édition). 1 volume in-12 . . . . 3 fr

Histoire de l'Économie politique des anciens peuples de l'Inde, de l'Égypte, de la Judée et de la Grèce. 3 forts volumes in-8 (3e édition) . . . . 24 fr

1198-73 — St-Ouen (Seine). — Imp. J. BOYER.

CATÉCHISME

DE

L'ÉCONOMIE POLITIQUE

PAR

DU MESNIL-MARIGNY

SEPTIÈME ÉDITION

PRIX : 1 FR. 25

PARIS

E. PLON ET Cⁱᵉ, ÉDITEURS

RUE GARANCIÈRE, 10

1879

SAINT-OUEN (SEINE). — IMPRIMERIE JULES BOYER.

PRÉFACE

DE LA SEPTIÈME ÉDITION

du Catéchisme de l'Économie politique

———

De plus en plus, le besoin d'études économiques se fait sentir. Le public de tout ordre finit par comprendre qu'il doit pouvoir apprécier par lui-même les diverses doctrines sur les douanes, sur les échanges, sur l'impôt, etc., qu'il reçoit du milieu dans lequel nous vivons.

Il ne veut plus être la victime de personnes intéressées à le tromper, soit au nom d'une classe de producteurs, soit au nom d'un parti politique. C'est ce qui explique le nombre d'éditions que compte ce livre.

L'économie politique est une science éminemment éclectique. Cette science rejette loin d'elle tout ce qui est entaché du caractère de l'absolutisme, de l'ubiquité; et c'est uniquement en faisant dépendre ses décisions de formules assez flexibles pour s'assouplir aux conditions d'existence de chaque peuple qu'elle peut répondre à tous les besoins sociaux.

Aussi, bien que partisan, souventes fois, de la liberté des échanges, sommes-nous loin d'appartenir à cette catégorie d'économistes, libre-échangistes absolus, qui sont les auteurs de l'état déplorable dans lequel sont tombées quantité de nos industries (1).

Une erreur capitale de ces libre-échangistes est de prétendre, de professer qu'en protégeant les manufactures on ne manque jamais de faire tort aux consommateurs de la même nation; tandis qu'il faut maintenant de toute nécessité se résoudre à reconnaître que, dans nombre de cas, ces consommateurs profitent largement des priviléges que l'on accorde aux producteurs, et qu'ainsi la protection, ou autrement la compensation pour ces derniers des avantages dont jouissent les industriels étrangers, peut être immédiatement une abondante source de prospérités pour cette nation (2).

(1) Voyez le *Rôle de l'industrie française*, 2ᵉ édition. Eugène Lacroix, éditeur.
(2) On le démontre au chap. X, 3ᵉ partie de ce *Catéchisme*.

PRÉFACE

DE LA QUATRIÈME ÉDITION.

« La vérité, bientôt, ne peut manquer de resplendir et de rejeter dans l'oubli ce prétendu succès d'un jour dont se targue le libre-échange absolu. »—C'était ainsi, qu'il y a un an environ, dans le préambule de la troisième édition, en assistant au triomphe [1] de ce système, nous prédisions sa chute prochaine.

Il a suffi de bien peu de temps pour justifier en grande partie nos prévisions et montrer les funestes conséquences de l'absolu en matière d'é-

[1] Ce triomphe momentané ne fut que la suite d'une réaction toute naturelle contre le système protecteur qui depuis tant d'années pesait sur la France. L'administration doit se féliciter aujourd'hui d'avoir su résister aux entraînements de cette *furia francese* qui ne voulait rien moins que renverser toutes les barrières commerciales de peuple à peuple. Hélas ! on s'aperçoit aujourd'hui qu'on ne les a que trop abaissées.

1

conomie politique, de quelque part qu'il vienne, des protecteurs ou de leurs adversaires.

Bien que le libre-échange absolu ait eu l'appui de très-hauts personnages, qui semblent encore vouloir le patroner [1], une réduction excessive sur le droit d'entrée des marchandises étrangères n'a pas manqué de porter ses fruits. — L'opinion publique s'est émue; éclairée par de sages conseillers, et surtout instruite par l'expérience, elle a poussé un long cri d'alarme.

Les manufacturiers, les agriculteurs, dans un concert presque unanime, protestent contre l'application de ces théories mensongères et si souvent funestes. — Le Havre, Nantes, Bordeaux, naguère encore, dans leur ignorance, si chaleureuses pour exalter le libre système, ne craignent pas de se déjuger et de condamner leur en-

---

[1] On a donné l'ordre tout récemment de placer le buste du libre-échangiste Cobden au musée de Versailles, ce panthéon réservé seulement à nos gloires nationales. Incessamment un de nos boulevards doit porter le nom de l'illustre Anglais. — Que le Royaume-Uni rende de tels hommages à la mémoire de cet homme célèbre, il ne fait qu'acquitter une dette légitime. — Mais, en France, des manifestations de cette nature sont considérées comme une nouvelle consécration, par le pouvoir, du libre-échange absolu, bien que nous nous plaisions à penser que l'on ait voulu seulement honorer l'apôtre de la paix universelle, le philosophe humanitaire.

gouement passé. Reconnaissant un peu tard leur faute, ces villes réclament aujourd'hui une sur-taxe sur les marchandises que couvre le pavillon étranger.

Le fait est incontestable, depuis l'avénement des idées libre-échangistes, la prospérité générale de la France penche vers son déclin. — Il est bien vrai qu'en haut lieu on signale toujours sa richesse comme inépuisable. Et même quelques esprits superficiels applaudissent à de telles paroles, — parce qu'ils voient s'élever de somptueux théâ-tres, de splendides palais, de magnifiques hôtels, et surgir comme par enchantement, de dessous le pavé de nos cités, de nombreux squares que dé-corent des myriades de fleurs. — Sans se laisser influencer par ce mirage agréable, notre vue se porte sur les métiers silencieux, sur les ateliers déserts, sur les grèves menaçantes, et, au milieu de ces infortunes, sur l'impôt seul prospère, qui va chaque jour en grossissant.

L'erreur capitale de l'école libre-échangiste, celle qui pèse sur tout son système et tend à le faire se fourvoyer à chaque pas, c'est de préten-dre, d'affirmer, de professer, qu'en protégeant les manufacturiers on ne manque jamais de faire tort aux consommateurs [1] ; tandis qu'il faut maintenant de toute nécessité se résoudre à reconnaître que ces derniers participent souvent, et pour une large part, aux avantages que l'on fait aux producteurs.

Quant à nous, profondément convaincu qu'en fait d'échange de marchandises, la vérité ne se trouve ni dans le monopole ni dans le libre-échange absolu, nous nous efforçons, au moyen d'ouvrages populaires, de mettre à la portée de tous des doctrines qui donnent satisfaction aux légitimes intérêts de chacun. Plein de confiance tout à la fois dans un tel mode d'enseignement et dans la bonté de ces doctrines, nous osons espérer qu'ainsi que la *bonne nouvelle* d'autrefois elles pénétreront dans les masses, même quand elles rencontreraient l'opposition des sommités sociales.

[1] Nous prétendons avoir, pour la première fois, démontré cette erreur par des arguments sans réplique. (Voyez la troisième partie de ce *Catéchisme*, chap. X.)

PRÉFACE

DE LA TROISIÈME ÉDITION.

Deux éditions de ce livre d'économie politique, épuisées dans l'espace de quelques mois, démontrent on ne peut mieux le bon accueil qu'il a reçu du public. Sans· doute les doctrines qu'il renferme rencontrent encore d'opiniâtres contradicteurs, et même de sérieux adversaires. — Mais faut-il s'en étonner? La vérité, dans sa marche à travers le monde, surtout lorsqu'elle doit lutter contre des ennemis puissants, ne procède jamais qu'avec une certaine lenteur. Toutefois, est-elle armée d'un flambeau resplendissant, alors elle surprend, confond, interdit ceux qui lui résistent, et rien ne l'arrête dans sa marche.

C'est en vue de cet exemple, c'est afin de dissiper les doutes qui subsistent encore dans l'esprit de nos adversaires, que nous avons repris dans toutes ses parties ce catéchisme, et que nous l'avons pour ainsi dire refondu dans son ensemble. — Nous ajouterons que nos théories ont en outre été soumises à l'épreuve d'une nouvelle étude sur la population. La clarté qu'elle jette sur ce sujet, demeuré jusqu'ici fort obscur, est encore un témoignage qui milite en leur faveur.

INTRODUCTION.

La disposition par demandes et par réponses, qui nous a fait donner le nom de *Catéchisme* à ces éléments d'économie politique, ne doit pas être un motif pour qu'on les dédaigne. Ce même mode d'enseignement n'est-il pas adopté dans presque tous les ouvrages qui traitent d'algèbre, de géométrie et des mathématiques pures ou appliquées, en admettant toutefois (comme notre travail le prouvera) que les demandes ne sont que des *textes de théorèmes* et les réponses des *solutions de ces théorèmes?* — D'ailleurs, ne sait-on pas que dans toute recherche scientifique, lorsqu'une difficulté n'est pas formulée avec justesse et nettement précisée, son éclaircissement laisse toujours quelque chose d'équivoque, d'insuffisant?

N'énoncer que très-sommairement le sujet d'une thèse, puis la faire suivre de nombreux développements, c'est le propre des discussions philosophiques, psychologiques, auxquelles on se livre pour soumettre à l'épreuve une vérité de cet ordre que quelquefois on finit par établir. Mais, lorsqu'il s'agit d'une science exacte (et nous pensons que l'économie politique doit être ainsi qualifiée), une vérité doit d'habitude se produire nettement en quelques lignes et se démontrer presque aussi brièvement. — La forme de ce livre nous apparaît donc, à nous qui osons nous poser en géomètre de l'économie politique, comme éminemment propre à vulgariser cette science en répandant la lumière sur toutes les questions dont elle traite.

Notre titre, dira-t-on, ne rappelle cependant qu'une instruction très-élémentaire donnée par les ministres du culte aux petits enfants. — Que l'on ne s'y méprenne pas! Dès les premiers siècles de l'Église, on fut obligé d'avoir recours à une pareille méthode d'enseignement, non-seulement pour initier avec plus de facilité les néophytes aux choses sacrées, mais encore pour aider à garantir les fidèles du danger de l'hérésie. Et cette méthode fut probablement empruntée aux ouvrages scientifiques du temps, à ceux d'Euclide peut-être, attendu qu'elle formulait les croyances divines avec une grande précision, une grande netteté, et qu'elle introduisait ainsi plus de rigueur dans l'orthodoxie.

Un catéchisme peut donc s'adresser à toutes personnes, surtout lorsqu'il traite de matières abstraites, et jusqu'ici fort obscures.

Dans cet ouvrage, l'économie politique est présentée sous un jour tout à fait nouveau, jour qui fait ressortir avec évidence le spécieux et l'illusoire des arguments qu'ont produits certains publicistes, pour légitimer d'une manière absolue les doctrines libre-échangistes. — Accroître la richesse des nations était leur but. Mais pouvaient-ils affirmer la bonté du systême qu'ils préconisaient, lorsque personne jusqu'ici n'avait pu caractériser exactement ce que c'était que cette richesse, déterminer comment il était possible de l'apprécier, enseigner comment on devait la calculer? Nous dirons plus : J.-B. Say professait que le calcul de la richesse d'une nation était le problème de la quadrature du cercle de l'économie politique[1].

Dans cet état de choses, toute affirmation de la bonté d'un système était impossible, car on était dans le vague, dans l'inconnu. Mais si ce problème, dit insoluble, est résolu (comme nous avons tout lieu de le croire), la lumière s'est faite, elle nous inonde, et on ne peut plus se refuser à reconnaître que le libre-échange peut souvent faire décroître la richesse d'un pays, car c'est une conséquence qui en découle naturellement, comme on le verra plus tard.

La solution d'un pareil problème n'était pas sans difficulté, car il fallait considérer la richesse des nations sous deux points de vue différents, celui de la valeur et celui de l'utilité.

---

[1] Jean-Baptiste Say écrit, dans la sixième édition de son *Traité d'Économie politique*, p. 604 :

« Cela montre qu'on ne peut compter *sur aucun résultat positif* en comparant la richesse d'un pays avec celle d'un autre. *C'est la quadrature du cercle de l'économie politique*. Il faut se contenter de savoir que la nation chez qui les produits à consommer sont en général les plus abondants par rapport à la population, et où les produits se distribuent le mieux en proportion de la part que chacun a prise à la production, est celle où l'on est le mieux accommodé, où l'on jouit de plus d'aisance. »

Sans vouloir trop anticiper, dans cette introduction, sur les développements qui seront donnés plus tard, nous dirons qu'une grande richesse de valeur dote les peuples non-seulement de force, de puissance, mais encore de vastes facultés productrices, tandis qu'une nation douée tout particulièrement de la richesse de bien-être, et à un faible degré de la richesse de valeur, peut assurément, malgré son bien-être, ne pas posséder les avantages détaillés ci-dessus. — Or, les libre-échangistes négligeaient presque complétement la *richesse de valeur* et ne s'occupaient en général que de la richesse d'utilité, bien qu'ils n'en eussent pas un sentiment très-net. — De là tant de mécomptes, de là tant d'erreurs.

Sans doute, les économistes avaient déjà fait ressortir qu'une marchandise peut être appréciée successivement au point de vue de l'utilité et à celui de la valeur ; mais ils s'étaient bornés là. Jusqu'ici, et nous insistons sur ce point, la richesse d'une nation s'était refusée à laisser reconnaître le secret de son appréciation, le secret de sa mesure. Il n'y avait cependant que ce mystère à pénétrer pour que l'économie politique se classât définitivement parmi les sciences exactes : car, une fois révélé, les obscurités de cette science disparaissent, ses contradictions s'expliquent, ses paradoxes s'évanouissent, et il n'est plus de nuages pour voiler les attaches des diverses parties qui doivent la constituer.

Les nouveaux principes sur lesquels nous nous appuyons n'ont été publiés qu'en 1860, et, bien que le langage algébrique [1], qui à l'époque de cette publication nous était nécessaire pour les démontrer, nuisit essentiellement à leur propagation, de nombreuses adhésions ne nous sont pas moins parvenues.

Dans ce catéchisme, nos raisonnements seront beaucoup moins abstraits, et en conséquence plus clairs, plus intelligibles : car heureusement, sans nuire d'une manière sensible à leur rigueur, nous sommes parvenu à les dégager de cet appareil scientifique. Toutefois nous ne l'avons pas exclu entièrement : il était pour nous un aide trop précieux ; seulement nous l'avons relégué dans les notes explicatives, pour l'usage des personnes qui en ont l'habitude.

On verra que, loin d'être protectionniste absolu, nous appelons de tous nos vœux l'éqoque où le libre-échange pourrait être accepté dans le monde entier.

Cependant, dans certains cas, contrairement à l'opinion de la plupart des protectionnistes, qui ne réclament le maintien des droits de douane que pendant quelques années, afin de pouvoir se mettre au niveau de l'industrie étrangère, nous démontrons d'une manière irréfutable que, pour nombre de pays, la protection qui s'étend sur telles ou telles manufactures peut, dans l'intérêt de ces pays, être normale, constante, pourvu qu'elle ne dépasse pas certaines limites que nous sommes parvenu à déterminer. —

[1] Voyez *Les Libre-échangistes et les Protectionnistes conciliés*, 2e édition ; Guillaumin, éditeur.

Parmi les diverses autres questions économiques que nous croyons encore avoir élucidées, nous citerons particulièrement celles qui concernent le crédit des États, le luxe des particuliers, l'absentéisme, etc.

Nous ne l'ignorons pas, le moment est loin d'être opportun pour propager des doctrines protectionnistes, quelque mitigées qu'elles soient, bien que le système économique adopté récemment en France (nous insistons sur ce point) soit plus conforme à nos théories qu'aux doctrines libre-échangistes [1]. — Mais la raison, en définitive, est toujours le grand arbitre ; et si réellement nous sommes d'accord avec elle, la vérité ne peut bientôt manquer de resplendir et de rejeter dans l'oubli ce prétendu succès d'un jour dont se targue le libre-échange absolu.

[1] Les libre-échangistes absolus ont peut-être trop facilement interprété en faveur de leurs doctrines quelques paroles irréfléchies et échappées à de hauts personnages, car le gouvernement français maintient une certaine protection à divers producteurs, et nous ne concluons pas autrement. Reste à débattre le chiffre de la protection.

CATÉCHISME

DE

L'ÉCONOMIE POLITIQUE

PREMIÈRE PARTIE.

NOTIONS FONDAMENTALES.

CHAPITRE I.

But de l'Économie politique, Richesse, Propriété, Liberté du commerce.

Qu'est-ce que l'économie politique?

C'est la science qui, en nous initiant aux principes généraux de la production des richesses, nous apprend comment elles doivent être distribuées et consommées, pour le plus grand bien des individus et des sociétés.

Qu'appelle-t on une richesse?

Toute chose utile à l'homme et qui, d'une façon ou d'une autre, au moral comme au physique, répond aux désirs naturels, aux besoins d'une personne, d'une société, quelles que soient la dimension, la forme, la nature, la qualité de cette chose. — Ainsi, un habit est une richesse, la force corporelle est une richesse; l'aptitude à écrire un livre, comme la faculté de le lire, de le comprendre, sont des richesses. La lumière, la chaleur, l'air, le soleil, sont également des richesses.

Nous ajouterons que, l'essence de toutes les richesses étant d'être utile à l'humanité, il en résulte nécessairement qu'elles sont toutes des *forces productrices*, attendu que chacune dans sa spécialité est appelée, soit à entretenir, soit à accroître les facultés de l'homme.

Quelles sont les bases fondamentales de l'économie politique?

La propriété incontestée et la *liberté du commerce*, qui, toutes deux, permettent à l'homme de disposer, de la manière la plus large possible, des richesses qui lui appartiennent légitimement sans toutefois que l'exercice de cette faculté puisse porter atteinte aux droits imprescriptibles de la société [1].

N'a-t-on pas, dans ces derniers temps, prétendu que la propriété ne résultait que d'une convention sociale, susceptible d'être modifiée?

Oui, mais à tort. Comme il importe de détruire l'incertitude qui règne à cet égard, pour que les doctrines économiques, qui déjà reposent sur le droit sa-

---

[1] L'économie politique se fonde sur la liberté commerciale, comme la bonne politique sur le libre arbitre de l'homme, libre arbitre qui doit être réglé par des lois pour qu'il ne dégénère pas en licence.

cré de l'homme à la liberté, se fondent en outre sur son droit à la propriété, nous allons démontrer que celle-ci est de droit naturel.

Déjà les richesses dues à un travail musculaire comme à celui de la pensée, sans contredit, sont possédées à titre de droit naturel par celui qui les a produites, ainsi que par ses héritiers consanguins ou autres.

Quant aux terres, qui au premier aspect semblent être des richesses gratuites, nous allons établir qu'elles sont encore possédées au même titre. — En effet, si dans chaque pays on additionne les valeurs actuelles des divers travaux que la mise en culture de ces terres a nécessités dans tous les temps : maisons d'exploitation, défrichements, fossés, routes, etc., on arrive à reconnaître que le total obtenu excède toujours le prix actuel de ces mêmes terres. Celles-ci ne nous ont donc pas été données gratuitement, puisque leur prix est constamment inférieur à la valeur des travaux que l'homme y a exécutés ; elles ont donc bien été acquises par ses sueurs.

Les terres dont les détenteurs ont été spoliés en divers temps sont-elles actuellement occupées au même titre que ci-dessus ?

Oui sans doute, bien que tout d'abord leur possession à titre de droit naturel paraisse hypothétique. Mais, comme c'est aux spoliés seuls qu'il appartient de réclamer, déjà les masses n'ont aucune revendication à exercer sur ces terres. Or, nous ferons observer qu'il est tellement difficile d'établir d'une façon absolue des titres de propriétés, lorsque la spoliation remonte à une époque reculée, que, par force majeure et dans l'intérêt social même, on a été obligé de consacrer la légitimité de toute possession qui n'a éprouvé aucun trouble pendant une période de trente années consécutives. — Les droits du propriétaire actuel des terres spoliées relèvent donc uniquement de la règle qui a paru la plus convenable, la plus naturelle à suivre, pour reconnaître le véritable héritier de ceux qui primitivement les ont défrichées et les ont mises en rapport.

La propriété individuelle n'a-t-elle pas encore une autre raison d'être ?

Elle puise sa raison d'être non-seulement dans la justice, mais encore dans l'utilité générale. Chacun le sait, lorsque les fruits du travail de l'homme lui sont entièrement dévolus, ses forces, son courage, sa persévérance, se décuplent, et, conséquence rigoureuse, ses productions se décuplent également. D'où il résulte que la propriété individuelle tend invinciblement à accroître le bien-être de tous.

CHAPITRE II.

De la diversité des richesses ou forces productrices, et de leur classement.

Vous nous avez dit d'une manière générale ce que c'était que les richesses. Pouvez-vous les caractériser d'une manière plus particulière ?

Certainement, et, comme la science économique

en traite presque toujours, il est indispensable, en raison de la divergence de leurs propriétés respectives, d'apprécier parfaitement, avant tout, le caractère, l'utilité, l'importance de chacune. — Pour présenter cette appréciation d'une manière plus nette, plus exacte, nous croyons devoir la traduire par un tableau dans lequel les richesses sont classées en huit groupes distincts, dont chacun comprend celles qui se rapprochent le plus par leur homogénéité. — Sans doute, avec un plus grand nombre de divisions, chaque espèce de richesses aurait été plus rigoureusement définie, mais les longueurs qui en seraient résultées n'auraient pas rendu plus évidentes les vérités que notre système de classification fera ressortir.

TABLEAU DE CLASSEMENT DES RICHESSES.

PREMIER GROUPE.

Les métaux : Or, argent, fer, zinc, etc.

Certaines matières brutes : Le coton, le chanvre, le lin, la laine, etc.

Certaines matières confectionnées : Les toiles communes de coton, de laine, de chanvre, de lin, etc. Les eaux-de-vie, les viandes salées ou fumées, etc.

Ces richesses, d'un emploi universel, d'un transport facile, ne s'altèrent en général que faiblement par l'action du temps.

DEUXIÈME GROUPE.

Les céréales de toute espèce ; le bétail gras, vivant ou abattu ; les vins communs, le cidre, la bière, etc.

Ces richesses, très-recherchées, sont d'un transport onéreux. Elles durent en général peu de temps, et réclament beaucoup de soins pour être préservées de toute altération.

TROISIÈME GROUPE.

Les valeurs fiduciaires : Actions et obligations industrielles ; contrats hypothécaires ; titres de rentes sur l'État, etc.

On verra plus tard que ces richesses, créations du crédit, par la mobilité qu'elles donnent à toutes les richesses ayant valeur, par la facilité avec laquelle elles permettent de fractionner cette valeur, agissent puissamment pour accroître la prospérité financière d'un État.

QUATRIÈME GROUPE.

L'habitation des maisons ; les leçons d'un professeur, les consultations et plaidoiries d'un avocat, les visites d'un médecin, les opérations d'un chirurgien, etc., etc.

Ces diverses choses doivent être placées au nombre des richesses, puisqu'elles ont toutes une utilité.

CINQUIÈME GROUPE.

1° Les étoffes de luxe en soie, laine, coton, lin,

chanvre, etc. ; les diamants, les pierres précieuses,
etc.; les vins fins, les objets de mode, les futilités, etc.

2° Les créations du savant, du poëte, de l'artiste,
créations prenant une forme matérielle que l'on
désigne sous ces divers noms : statues, tableaux,
objets de curiosité, etc.

Les richesses appartenant à ce cinquième groupe
ne s'adressent en général qu'aux consommateurs riches; aussi les appelle-t-on ordinairement richesses
de luxe.

SIXIÈME GROUPE.

Les richesses qui sont spéciales à une nation. Elles
se rapportent soit aux habitudes, soit au culte, soit à
l'histoire particulière de cette nation.

SEPTIÈME GROUPE.

La capacité, l'intelligence, le talent, le génie, l'esprit commercial et industriel, etc.

Ces diverses choses, bien qu'impondérables,
ayant une très-grande utilité, sont incontestablement
des richesses.

HUITIÈME GROUPE.

Les valeurs foncières : Maisons, terres en culture,
canaux, chemins de fer, routes, usines de diverses
natures, etc.

Les richesses gratuites : Climats heureux, plages

favorablement exposées, sites pittoresques, air, eau, rayons du soleil, etc.

Ces richesses se présentent avec un caractère particulier, celui de ne pouvoir se déplacer.

Les richesses ou forces productrices qui font partie du septième et du huitième groupe ayant une force de production toute spéciale, les nations qui les possèdent en notable quantité ont en général une grande prépondérance sur les autres.

Plusieurs économistes des plus autorisés prétendent que dans la science économique on ne doit traiter ni des richesses gratuites, ni des richesses immatérielles, richesses que nous avons comprises dans les quatrième, cinquième et huitième groupes du tableau précédent. Nous établirons dans le cours de cet ouvrage qu'ils sont complétement dans l'erreur.

CHAPITRE III.

Valeur, Marchandises, Capital.

Qu'est-ce que la valeur?

C'est une qualité inhérente à la plupart des richesses, qui permet d'échanger l'une d'elles contre une plus ou moins grande quantité d'une autre. La valeur exprime donc un certain rapport entre des richesses de même nature ou de natures différentes.

Que faut-il pour qu'une richesse ait de la valeur ?

Qu'il y ait à la fois chez l'homme désir de la posséder et difficulté à l'obtenir.

*N'y a-t-il pas certaines richesses qui servent d'in-
termédiaire, de terme de comparaison, et même de
mesure commune, dans les échanges ?*

C'est l'or et l'argent. On donne à ces métaux,
lorsqu'ils sont divisés en fragments ou disques dont
le poids est déterminé, le nom d'espèces, de numéraire, de monnaie.

*Ces métaux réunissent-ils toutes les qualités dési-
rables pour l'emploi auquel ils sont destinés ?*

Non. Il faudrait, pour qu'il en fût ainsi, qu'ils
eussent dans tous les temps, chez tous les peuples,
une valeur invariable. Or, le prix de ces métaux, leur
quantité restant la même, s'accroît avec le nombre
des services qu'ils rendent, et ce même prix diminue
à mesure qu'on en produit davantage : leur valeur est
donc loin d'être invariable.

*Quelles sont les propriétés particulières à l'or et à
l'argent, qui les ont fait choisir pour servir de commune mesure dans l'échange de toutes les marchandises?*

1° Ces métaux sont divisibles presque à l'infini.
2° Ils sont partout homogènes, pendant un très-long
espace de temps. 3° Ils sont peu altérables. 4° Une
valeur importante représentée par les métaux précieux peut être transportée sans grand embarras à
une forte distance. 5° Ils sont recherchés partout non-
seulement comme moyen de transaction, mais encore

en considération d'une quantité d'autres services qu'ils sont susceptibles de rendre. 6° Ils éprouvent dans leur valeur des fluctuations bien moins sensibles que les autres marchandises, attendu que l'approvisionnement de ces dernières est tantôt très-considérable et tantôt très-minime par rapport à leur production annuelle, alors que la production incessante des métaux précieux est toujours très-modique relativement à leur stock sur la place.

Qu'est-ce que le prix ?

C'est la valeur exprimée en numéraire.

Qu'appelle-t-on marchandises ?

On donne le nom de marchandises à toutes les richesses, de quelque nature qu'elles soient, lorsqu'elles ont une valeur, ou autrement lorsqu'elles sont susceptibles d'être échangées. Ainsi, les usines, les terres, les matières premières, les objets fabriqués, etc., sont des marchandises. Il en est autrement du climat d'un pays, des rayons du soleil, de l'esprit, du talent, du génie, etc., richesses qui ne sont point échangeables. Cependant les produits de cette seconde espèce de richesses sont très-souvent des marchandises.

Qu'est-ce que le capital ?

Pour nous, toute marchandise matérielle ayant une valeur dépendant non-seulement des qualités qui lui sont propres, mais encore de son poids et de sa grandeur, est un capital [1], dont l'importance est

[1] Ainsi l'air, les rayons du soleil, qui sont sans valeur négociable, ne sont point des capitaux. Les billets de banque,

déterminée par le prix de cette marchandise. Toutefois, ce mot de *capital* ne s'emploie que lorsqu'il s'agit de valeurs considérables.

CHAPITRE IV.

De la richesse évaluée et de la richesse d'usage des particuliers.

La richesse d'une personne ne peut-elle être considérée que sous un seul aspect?

Un individu peut être riche de bien des manières. — Il peut être riche en capitaux, en bien-être, en talents, en santé, en beauté, en vertus, en imagination, etc. ; mais nous ne nous occuperons ici que de la *richesse de valeur*, ou *richesse évaluée* en numéraire, et de la richesse de bien-être, ou *richesse d'usage.*

La première s'apprécie par la quantité d'or à laquelle on peut évaluer tout ce que possède une personne. La seconde est relative au rapport qui existe entre les revenus de cette personne et le prix de l'unité d'existence dans le pays qu'elle habite.

Qu'entendez-vous par le prix de l'unité d'existence dans un pays?

C'est le prix de ce qui, en moyenne, est nécessaire pendant une année, dans ce pays, à l'existence d'un

dont la valeur ne dépend ni du poids ni de la grandeur du papier qui les constitue, ne sont pas non plus des capitaux.

travailleur qui n'emploie pour vivre que sa force musculaire.

Nous admettons, ce qui s'écarte peu de la vérité,
que ce prix, bien qu'il varie de contrée à contrée,
donne à tous les travailleurs de cette sorte la même
somme de bien-être.

*Vous avez distingué la richesse d'usage d'un par-
ticulier de sa richesse évaluée en espèces. Comment
expliquez-vous que ces deux richesses soient différentes, lorsqu'il semble que plus un individu aura de
capitaux, plus il lui sera possible de multiplier ses
consommations, et par conséquent d'accroître son
bien-être ?*

Un exemple rendra cette explication facile. —
Considérons deux familles dont l'une, à la tête d'un
capital de 500,000 francs, habite l'Angleterre,
tandis que l'autre, ne possédant que 300,000 francs,
réside en Italie. La première, en raison du climat,
en raison de la cherté des marchandises les plus
essentielles, en raison du prix qu'il faut mettre à
plusieurs espèces de services que réclament les gens
aisés, ne pourra se procurer autant de satisfactions
que la seconde. Celle-ci, malgré l'infériorité de ses
capitaux, aura la faculté de couvrir sa table de mets
plus variés, plus abondants, de s'entourer d'un plus
nombreux domestique, d'habiter un logement plus
spacieux, etc.

Le bien-être est donc ici en raison inverse du
capital possédé. Il y a donc une différence entre la
richesse évaluée et la *richesse d'usage.*

C'est ainsi que l'on voit annuellement un grand

nombre d'Anglais abandonner leur pays, afin de trouver sur le continent une plus grande somme de bien-être. Par le même motif, quantité de Parisiens, dont les dépenses ont outrepassé la fortune, vont se fixer en province, où ils retrouvent à moins de frais l'existence qu'ils ont perdue.

Si, d'un côté, la *richesse d'usage*, dont le bonheur de l'homme dépend, doit être recherchée, d'un autre côté, de grands avantages sont attachés à la possession de la *richesse évaluée*.

Quelle est, en effet, la personne qui ne préférerait sans hésiter la fortune de 500,000 francs à celle de 300,000, sauf à choisir ensuite une résidence où les choses à sa convenance seraient a très-bon marché ?

Nous devons cependant ajouter qu'il est de certaines positions dans le gouvernement, de certaines nécessités sociales, de certaines exigences enfin du corps ou de l'esprit, qui ne laissent pas toujours à l'homme la faculté de choisir le lieu de sa résidence, et qu'ainsi, avec une grande *richesse évaluée*, on doit se résigner parfois à n'avoir qu'une médiocre *richesse d'usage*.

Lorsque deux personnes, dont la richesse d'usage *est égale, n'habitent pas le même pays, quels sont les avantages de celle qui jouit de la* richesse évaluée *la plus considérable ?*

Elle en possède plusieurs : 1° L'avantage de pouvoir parcourir les pays étrangers pendant un temps plus long, dans le courant de l'année, attendu que

2

les voyages exigent pour toutes deux les mêmes dépenses ;

2° L'avantage, en venant habiter le même pays que la personne moins pourvue de capitaux, de pouvoir, comparativement à elle, y fonder des établissements de toute sorte d'une bien autre importance, et s'y entourer à un degré supérieur de tous les éléments qui donnent de la supériorité à l'intelligence.

Pouvez-vous, en peu de mots, nous faire apprécier les avantages que procure la richesse évaluée?

Certainement. Le chiffre de cette *richesse évaluée* est la mesure du pouvoir que son possesseur exerce et sur les hommes qui l'entourent, et sur les choses qu'ils produisent.

CHAPITRE V.

De la richesse évaluée et de la richesse d'usage des États.

La richesse d'usage et la richesse évaluée en espèces sont-elles de même à considérer lorsque l'on veut apprécier la richesse d'une nation ?

Assurément.

Mais la quantité d'espèces que peut se procurer une nation, ou autrement sa richesse évaluée, n'est-elle pas proportionnelle à sa richesse d'usage, puisque plus on a d'argent, plus sont nombreux les objets que l'on peut consommer ?

Non ; et ce que nous avons démontré pour les par-

ticuliers s'applique également aux nations. Supposons deux peuples également nombreux et jouissant
de la même aisance, c'est-à-dire que, relativement
aux climats sous lesquels ils vivent, ils produiront
annuellement des marchandises de telle qualité et en
telle quantité, que, chez l'un et l'autre, chaque individu aura moyennement à sa disposition le même
nombre d'unités d'existence[1]. Or, le prix de l'unité
d'existence varie du simple au double, et plus encore
de pays à pays. N'en résulte-t-il pas que si, pour
subvenir à des besoins urgents, chacun de ces peuples fait une économie d'un cinquième sur ses productions annuelles, l'un disposera de 100 millions de
francs, par exemple, lorsque l'autre, sans se gêner
davantage, pourra disposer de 200 millions? — Deux
peuples peuvent donc avoir une même aisance, et
cependant une richesse de valeur différente.

Nous ajouterons que l'accord est loin d'être unanime entre les publicistes pour décider qui de la
Russie, de la France, de l'Espagne, de l'Angleterre,
etc., a la plus grande *richesse d'usage* moyenne. —
La difficulté qu'ils éprouvent dans ce classement doit
être attribuée à la différence peu marquée qui existe
entre ces diverses *richesses d'usage*, et l'explication
de cette minime différence est facile à donner. En
effet, les productions annuelles dans un pays sont-
elles supérieures à la consommation : là bientôt une
population nouvelle ne manque pas de survenir. Ces
productions éprouvent-elles, au contraire, un déficit :

---

[1] Voir, page 23, la définition de l'*unité d'existence*.

une plus grande mortalité vient presque à l'instant éclaircir les rangs de la population. D'où il résulte que les *richesses d'usage* moyennes et normales des peuples civilisés ne diffèrent pas beaucoup les unes des autres [1].

— Mais ce que personne n'oserait mettre en doute, c'est la supériorité de l'Angleterre sur la Russie par rapport à la valeur des marchandises de toute espèce, en meubles et immeubles, que ces deux nations possèdent, à égalité de surface de territoire et même de population. Les *richesses d'usage* des divers pays ne sont donc pas en proportion avec leurs *richesses évaluées* [2].

Pouvez-vous indiquer les conditions particulières d'existence dans lesquelles se trouvent deux peuples dont l'un est supérieur à l'autre en richesse évaluée, bien que leurs richesses d'usage soient à peu près égales?

Ces conditions d'existence sont très-différentes. Certes, la *richesse d'usage*, c'est-à-dire la possession de tous les objets qui peuvent servir à nous loger, à nous nourrir, à nous vêtir, est une richesse qu'am-

---

[1] Dans certains pays, on a fait des travaux de toutes sortes : amélioration des terres, construction de maisons, établissement de machines, etc., dans le but d'accroître la *richesse d'usage* générale, et nous sommes loin de prétendre qu'il n'y a pas eu progrès à cet égard. Mais, bien que l'on ait obtenu des *richesses d'usage énormes* pour un certain nombre de particuliers, la *richesse d'usage* moyenne de ces pays s'est peut-être accrue seulement de moitié en sus, tandis que leur *richesse de valeur* s'est parfois décuplée.

[2] Voyez note 1.

bitionnent et que recherchent avec raison tous les humains; mais il est des satisfactions d'un autre genre après lesquelles ils soupirent très-souvent avec bien plus d'ardeur.

S'agit-il de venger une injure nationale, veulent-ils défendre leur liberté, leur indépendance, ou bien étendre leur domination au loin?

Pour eux, qu'est-ce alors que le bien-être? Voyez comme ils le sacrifient sans hésitation, comme ils marchent avec intrépidité au combat, à la mort! Mais leurs efforts seront impuissants sans la *richesse évaluée*, c'est-à-dire s'ils n'ont pas à leur disposition un grand nombre de capitaux, la puissance des nations à notre époque étant, suivant nous, en rapport avec le capital dont elles peuvent disposer.

Deux peuples sont en guerre: quel est celui qui tiendra en campagne les bataillons les plus nombreux, donnera à ces bataillons le plus de persistance dans leur action, armera le plus grand nombre de navires et se procurera les engins les plus meurtriers? Ce sera évidemment celui qui pourra dépenser la somme d'argent la plus considérable : car toutes les marchandises nécessaires pour ces armements ont généralement la même valeur sur toutes les places de l'Europe. Ensuite, comment transporter des armées, les faire vivre sur des territoires neutres, amis et ennemis, si ce n'est en étant capable de supporter les énormes frais que de pareilles opérations nécessitent?

Le grand Frédéric partageait bien complétement cette manière de voir. Suivant lui, pour faire la guerre, il fallait trois choses : de l'argent, de l'argent, et encore de l'argent.

Telle était aussi l'opinion de Voltaire. « Le commerce, dit-il [1], ne sert à rendre un État plus puissant que ses voisins, que parce que, dans un certain nombre d'années, il a une guerre avec ses voisins, comme, dans un certain nombre d'années, il y a toujours quelque calamité publique. — Alors, dans cette calamité de la guerre, la nation la plus riche l'emporte nécessairement sur les autres, toutes choses d'ailleurs égales, parce qu'elle peut acheter plus d'alliés et plus de troupes étrangères, etc. »

Napoléon Ier lui-même était de cet avis : « La victoire, disait-il, est toujours du côté des plus gros bataillons; » or, les plus gros bataillons sont à ceux qui peuvent les prendre à leur solde.

Sans doute on doit tenir compte des qualités guerrières des peuples; mais, il faut le reconnaître, à mesure que la civilisation progresse, les machines offensives et défensives prennent dans les batailles une importance si grande, et en même temps s'élèvent tellement de prix, que c'est seulement avec beaucoup d'or qu'on peut les acquérir, les mettre en jeu, et en définitive triompher sur les champs de bataille.

Du reste, la campagne de Crimée, présente à tou les souvenirs, fournit la preuve de ce que nous avan çons. La Russie ne manquait ni d'hommes de cou

[1] *Dialogue entre un philosophe et un contrôleur des finances* vol. 49, 1826, Baudouin frères, éditeurs.

rage, ni d'ingénieurs habiles; et, bien qu'ayant à re-
pousser seulement des armées qui venaient de fort
loin l'envahir, elle a fini par être vaincue.

Que pouvait-elle, avec un budget de 1,100 millions de francs, contre deux budgets dont l'ensemble
atteignait [1] 4 milliards ?

Nous ne sommes plus au temps où trois cents Spar-
tiates suffisaient pour arrêter l'armée innombrable
d'un grand roi, et, s'il y a une vérité démontrée aujourd'hui, c'est que la victoire appartient aux troupes
les plus nombreuses, ou à ceux qui peuvent les payer.

*Lorsque la richesse évaluée des nations s'accroît,
en résulte-t-il seulement qu'elles ont plus d'autorité
dans le monde, et qu'elles sont plus à même de triompher de leurs ennemis?*

Non-seulement une nation trouve cet avantage
dans l'accroissement de sa *richesse évaluée*, mais encore, les citoyens qui la composent, en raison de ce
qu'ils ont chacun, dans le partage général, un important capital [2], sont nantis de prérogatives très-notables.

1° Ainsi, comme nous l'avons déjà fait remarquer,
ces citoyens peuvent jouir tout spécialement des
avantages de la locomotion. — Ne savons-nous pas

---

[1] Voyez note 2.

[2] « Le capital (dit Rossi) est la vie matérielle des États, la
mesure de leur civilisation et de leurs progrès. Le capital,
sous cent formes diverses, met en mouvement, anime et
double les forces sociales. C'est à l'aide du capital que les
hommes se rapprochent, que les goûts se multiplient, et
que peu à peu l'homme s'élève dans l'échelle de ses besoins
et de ses jouissances. »

que c'est de l'Angleterre, pays éminent par sa *richesse évaluée*, que partent la plupart des voyageurs que l'on rencontre sur tous les points du globe? — Cette faculté de locomotion permet aux peuples d'importer chez eux les meilleurs procédés de fabrication. Elle fait apprécier et discerner en connaissance de cause toutes les mesures soit nationales, soit internationales, qui peuvent être utiles. Enfin, les peuples voyageurs acquièrent une maturité, une excellence dans le jugement, qui les rend bien supérieurs à ceux qui sont sédentaires.

2° A l'aide de capitaux considérables, les citoyens d'une nation peuvent se livrer à une foule d'entreprises lucratives, et multiplier ces mêmes capitaux avec une grande facilité.

3° Toujours en raison de l'abondance des capitaux, nombre de personnes, ayant une fortune assurée, peuvent consacrer leurs loisirs au perfectionnement des sciences et à la recherche de tout ce qui étend la sphère de l'homme et ennoblit son rôle sur cette terre.

4° Une nation chez laquelle les capitaux abondent les prête aux peuples étrangers, et, sans avoir besoin d'en faire la conquête à main armée, elle les rend ses tributaires.

CHAPITRE VI.

Mesure de la richesse évaluée des particuliers et des nations.

Comment apprécie-t-on habituellement la richesse des particuliers?

En évaluant en numéraire tantôt leurs revenus[1], tantôt leurs meubles et immeubles.

Pouvez-vous de la même manière apprécier en monnaie la richesse d'une nation, ou autrement nous donner le quantum de sa richesse évaluée?

Bien que la méthode usuellement employée dans la mesure des richesses individuelles soit loin d'être exacte, elle en donne cependant un aperçu. Mais, en calculant au moyen de cette méthode la *richesse évaluée* d'une nation, on ne parviendrait à aucun résultat sérieux, car il est d'autres éléments dont il faut absolument tenir compte.

Lorsqu'un individu, pour un motif quelconque, se déplaît dans la contrée qu'il habite, rien ne l'empêche de dresser sa tente ailleurs et d'y transporter ses capitaux et son industrie. Une nation, au contraire, ne peut se déplacer, et ses aliments doivent lui être assurés sur le territoire où elle est fixée. — Il est donc nécessaire, puisque les récoltes, qui la font vivre, suivent une rotation annuelle, de faire entrer dans le calcul de sa richesse ses productions

[1] Voyez note 3.

et ses consommations pendant cette période de temps.

Ensuite le nombre des citoyens est encore un des éléments de ce calcul. Autrement la Hollande, petit pays d'une richesse incontestée, serait très-pauvre comparée à la Russie, dont les possessions territoriales sont immenses, et dont cependant l'opulence n'est pas proverbiale.

Ceci posé, pour obtenir l'expression de la *richesse évaluée* en numéraire d'une nation, il faut additionner les valeurs 1° de chacun de ses immeubles, indépendamment de leurs revenus; 2° de toutes ses productions annuelles; 3° de tous ses objets meubles qui n'ont pas été produits dans l'année. Puis enfin, il faut retrancher de cette somme la valeur de la consommation pendant le même temps. De cette manière on aura la *richesse évaluée* que l'on cherche et, pour la rendre comparable, on devra diviser les quatre termes de son expression par le nombre des citoyens[1].

Cette formule est une des bases essentielles de l'économie politique, et nous allons en déduire immédiatement plusieurs conséquences très-importantes.

Comment expliquez-vous que, dans une année de disette, où le grain se paye fort cher, la richesse évaluée d'un peuple diminue, bien que la récolte de cette même année augmente de valeur?

[1] Voyez la note 8 de la troisième édition, où il est démontré mathématiquement que cette expression comprend la valeur de toutes les richesses matérielles d'une nation et de toutes ses richesses immatérielles.

Rien de plus facile, au moyen de la formule que nous venons de donner. En effet, sur les quatre termes qu'elle comprend, deux particulièrement sont ici à considérer : le terme de la production et celui de la consommation, qui sont de signes contraires.

Si celui de la production s'accroît en valeur, celui de la consommation s'accroîtra également.

Or, comme la récolte n'est pas suffisante, et qu'il faut acheter des céréales à l'étranger, le terme négatif de la consommation dépassera de beaucoup celui de la production, et par suite fera décroître la valeur de la *richesse évaluée.*

Les richesses évaluées *des États sont-elles comparables à celles des particuliers?*

En aucune sorte; pour que ces richesses fussent comparables, il faudrait que la valeur des uns et des autres pût être réalisée avec la même facilité. Or, rien de plus aisé en ce qui concerne les *richesses évaluées* des particuliers, car en général elles ne se montent pas à plus de 300 millions de francs. Mais comment réaliser, même isolément, par exemple, celles de la France et de l'Angleterre, dont la première se traduit par un chiffre de 160 milliards, et la seconde par celui de 180 milliards, surtout lorsque l'on sait qu'il n'existe sur le globe qu'environ 40 milliards de numéraire? Que l'on tente une pareille opération, les valeurs de tous genres que possède un pays s'aviliront de telle sorte que sa *richesse évaluée* se réduira peut-être au vingtième de ce qu'elle est effectivement! Les *richesses évaluées* des

particuliers ne sont donc pas comparables à celles
des États.

*Pouvez-vous apprécier l'action, le pouvoir qu'un
peuple, au moyen de sa richesse évaluée, est susceptible d'exercer sur les autres peuples et sur leurs
productions ?*

Sans doute. En prenant pour exemple la France
et l'Angleterre, les 160 milliards et les 180 milliards
dont il est parlé ci-dessus doivent être considérés
comme étant respectivement la mesure de la part qui
revient à ces deux nations dans la puissance financière
du monde entier, soit en raison de l'intelligence, de
l'énergie, de l'ordre, de la moralité, qui fécondent
leurs travaux ; soit en raison des avantages naturels
ou acquis qu'elles possèdent. Ensuite, comme ces
nombres sont rigoureusement en rapport avec les
sommes que l'une et l'autre nation peuvent réaliser
dans le même temps, ils mesurent l'action, le pouvoir[1] qu'elles sont susceptibles d'exercer sur les
autres peuples et sur les choses qu'ils produisent[2].

*En dressant les divers inventaires qui permettront
d'apprécier la richesse évaluée d'une nation, arrive-
rez-vous à des résultats suffisamment exacts ?*

L'exactitude de ces résultats, bien que n'étant pas
absolue, sera néanmoins suffisante. Lorsque l'enregistrement fait expertiser la valeur d'une terre, pour

---

[1] On ne considère ici que le pouvoir donné par l'argent, et
non celui qui ressort de l'influence morale d'une nation, du
courage de ses guerriers, etc.

[2] Voyez note 4.

savoir si le fisc a été frustré dans ses droits lors d'une vente ou d'une succession, bien que les deux experts nommés, l'un par le contribuable, l'autre par l'administration, ne soient jamais d'accord, le troisième expert, qui *départage* les deux premiers, arrive cependant assez près de la vérité pour qu'en général les tribunaux admettent son appréciation. L'appréciation des meubles et immeubles peut donc se faire assez exactement. D'ailleurs, relativement à la solution de nombreuses questions économiques (notamment à celle de la *protection* et du *libre-échange*) qui dépendent de cette mesure de la *richesse évaluée*, une rigueur mathématique dans sa détermination est complétement inutile. La plupart du temps, comme on le verra plus tard, il suffit, pour résoudre ces questions, de pouvoir reconnaître si cette richesse s'accroît ou diminue.

CHAPITRE VII.

Mesure de la richesse d'usage des particuliers et des nations.

Comment évaluez-vous la richesse d'usage *d'une personne,* richesse d'usage *toujours relative au pays qu'elle habite?*

Je commence par déterminer dans chaque pays que je considère la valeur de ce qui est nécessaire pour entretenir en bonne santé, pendant une année, un homme qui n'emploie pour vivre que sa force

musculaire, autrement dit un manœuvre, en tenant
compte toutefois des coutumes et des nécessités du
climat. Cette valeur, qui, d'après nous, correspond
partout à peu près au même bien-être, et que nous
appelons prix de l'*unité d'existence*, va nous servir
d'étalon et nous permettre de mesurer avec facilité
les *richesses d'usage* des particuliers, quel que soit le
lieu de leur résidence.

En effet, veut-on connaître la *richesse d'usage*
d'une personne qui habite une certaine contrée, il
suffit de diviser le chiffre de ses revenus par celui
qui représente le prix de l'unité d'existence dans
cette même contrée. Le quotient de la division me-
surera nécessairement la *richesse d'usage* de cette
personne.

*Pourquoi les prix de l'unité d'existence varient-ils
de pays à pays?*

Indépendamment de ce que les mêmes marchandises sont cotées à un prix différent dans la plupart
des pays, les nécessités de la vie sont loin d'y être
identiques. — Pour se défendre contre les climats
froids et humides, il faut à l'homme des appartements
chauds, des habits de drap épais, des boissons spiri-
tueuses, une nourriture très-animalisée, toutes choses
presque inutiles dans les contrées méridionales.
Aussi, dans ces dernières, l'unité d'existence est-elle
en général moins coûteuse, bien que les habitudes
sociales, les rites religieux, puissent ajouter à sa va-
eur.

*Les manœuvres, qui en tous pays vous servent de
terme de comparaison pour calculer les valeurs de*

votre unité d'existence, ont-ils bien exactement partout le même *bien-être?*

Certes leur état de bien-être ne peut être dit parfaitement identique, car nombre de publicistes très-autorisés prétendent qu'en Europe, les ouvriers sont plus heureux dans l'est et le midi que dans la partie occidentale. Mais, lorsqu'on adopta l'or pour mesurer la valeur des diverses marchandises, on savait parfaitement qu'il n'avait et qu'il n'aurait jamais la même valeur en tous temps et en tous lieux. — C'est donc à défaut de mieux que l'on a choisi ce métal précieux. La même difficulté se présentait pour apprécier la *richesse d'usage*, et c'est à défaut d'un meilleur type étalon, d'un type parfaitement invariable, que nous avons choisi, pour servir de mesure commune à cette espèce de richesse, l'existence de l'homme qui est considéré comme jouissant, à peu près par tous pays, de la même somme de bien-être, c'est à dire du manœuvre.

Du reste, les divers instruments dont on se sert journellement pour prendre des mesures nous justifient; car leur précision est loin d'être mathématique, et néanmoins ils sont d'une utilité incontestable. Nous citerons entre autres : l'astrolabe et le loch, dont l'imperfection n'empêche pas les marins d'en tirer un très-grand parti.

Comment déterminez-vous la richesse d'usage d'une nation?

Pour apprécier la *richesse d'usage* de cet être collectif, on divise le revenu moyen d'un individu, pris moyennement dans une nation, par le type étalon qui a déjà été spécifié pour ce mode de recherches. Le nombre des unités résultant de cette division détermine le degré de *richesse d'usage* de la nation que l'on considère [1].

[1] Voyez la note 12 de la troisième édition de ce livre.

DEUXIÈME PARTIE.

PRODUCTION DES RICHESSES.

CHAPITRE I.

Travail, Production matérielle et immatérielle.

Qu'est-ce que le travail?

Le travail est l'action de la puissance physique et intellectuelle.

Qu'est-ce que produire?

C'est appliquer ses forces de telle sorte que l'on augmente, soit sa *richesse de bien-être*, en accroissant le nombre des utilités que l'on possède, soit sa *richesse évaluée*, en accroissant la valeur de ces mêmes utilités.

Peut-on accroître le nombre des utilités que l'on possède sans augmenter leur valeur?

Très-certainement. De l'expérience il résulte même qu'en augmentant le nombre des utilités que l'on possède, on peut en voir la valeur totale diminuer, et qu'en diminuant le nombre de ces utilités, leur valeur totale peut s'augmenter. Aussi, une marchandise est-elle difficile à placer, l'industriel se garde bien d'en fabriquer de similaires. A certaines époques, les Hollandais ne firent-ils pas brûler des chargements de denrées coloniales, afin d'obtenir, de celles qu'ils conservaient, un prix de vente plus élevé !

Quel est le but habituel du producteur ?

C'est l'augmentation en valeur, et non en quantité, de ses meubles et immeubles. S'il produisait seulement pour sa propre consommation et celle de sa famille, il ne s'inquiéterait que d'accroître la quantité des marchandises qu'il consomme ; mais cette façon d'agir n'a sa raison d'être que chez l'homme à l'état sauvage. Dans les pays civilisés, comme les travailleurs ne produisent, le plus habituellement, que pour l'échange, il leur importe d'obtenir non des quantités de marchandises, mais des marchandises ayant beaucoup de valeur.

La production n'est-elle jamais que matérielle?

La production peut être ou matérielle ou immatérielle. Le grain produit par l'agriculteur, la tabatière produite par le tourneur, sont des productions matérielles. — En professant le latin, la médecine, le dessin, le calcul, etc., on produit immatériellement.

Qu'est-ce qui caractérise particulièrement le produit immatériel?

C'est qu'il s'incorpore soit à notre personne, soit à un objet matériel, et qu'il ne peut en rester détaché. — En voici des exemples. Une leçon d'un professeur, un concert de musiciens, la consultation d'un avocat ou d'un médecin, produits immatériels, sont absorbés par les personnes auxquelles ils s'adressent aussitôt qu'ils sont créés. L'abri, produit immatériel, ne peut se détacher de la maison qui le procure. Les produits délicieux et immatériels qui résultent de la vue des statues, des tableaux, etc., ne peuvent exister en dehors de ces œuvres d'art dont ils sont les émananations.

CHAPITRE II.

Des diverses sortes d'industries.
(Salaires, Profits, Intérêt, etc.)

Qu'entendez-vous par les mots industrie *et* entrepreneur?

On appelle *industrie* l'ensemble des opérations qui concourent spécialement à la création d'un certain ordre de marchandises, et *entrepreneur* celui qui dirige toutes ces opérations.

Qu'appelle-t-on salaires, profits, etc.?

Dans la répartition de la valeur d'un produit entre toutes les personnes qui ont contribué à le créer, les salaires sont la rétribution des travailleurs matériels ou immatériels: le profit est la portion de cette valeur qui reste à l'entrepreneur lorsque tous les frais ont été soldés.

Comment les salaires se règlent-ils?

Le salaire du manœuvre se met généralement en équilibre avec le prix de l'*unité d'existence*. Il ne peut s'abaisser beaucoup au-dessous ni s'élever beaucoup au-dessus, attendu que, d'un côté, il faut que l'homme vive, et que d'un autre côté, lorsque l'ouvrier a une grande somme de bien-être, la population nouvelle, qui alors ne manque pas de survenir, le réduit promptement au strict nécessaire. — Toutefois, effet inévitable de la loi de l'offre et de la demande, on remarque encore de petites oscillations au-dessus et au-dessous du niveau dont nous avons parlé. Les bras sont-ils rares, le salaire s'accroît, comme il s'abaisse dans le cas contraire. — Quant aux salaires des ouvriers d'un ordre plus élevé, ils sont déterminés entièrement par cette dernière loi. Nous verrons plus tard pour quels motifs nombre de travailleurs sont habituellement réduits à la misère dans les grands centres manufacturiers.

Qu'entendez-vous par frais de production?

Le prix des services que l'entrepreneur a dû solder pour créer un produit, c'est-à-dire la somme de ce qui revient et au capital dont il a dû faire usage, et aux travailleurs de toutes sortes qui l'ont aidé.

Qu'appelez-vous intérêt?

La part annuelle afférente au capital employé.

Y a-t-il toujours avantage pour un entrepreneur à produire?

Non. Il ne peut y avoir avantage que lorsque le prix de l'article confectionné dépasse les frais de production. — Ainsi, un potier qui a fabriqué un vase vendu 100 fr. perd, si les frais de toute sorte, en salaires, en intérêts de capitaux, en matières premières, sont supérieurs à cette somme. Il gagne, au contraire, lorsque ces frais sont plus que couverts par le prix de la vente.

La société tout entière est-elle toujours participante aux pertes d'un entrepreneur?

Le plus souvent; mais il est de telles circonstances

où elle peut fort bien ne pas voir s'amoindrir son capital.

Nous en citerons un exemple : Qu'une récolte en céréales se présente avec une telle abondance que les propriétaires de biens-fonds ne tirent pas, en raison de l'avilissement des prix, un revenu rémunérateur de leurs domaines, est-ce que les producteurs d'autres marchandises n'ont pas souvent à se féliciter de ce bon marché? En faisant la balance de ce qui est perdu par les uns et gagné par les autres, n'est-il pas possible qu'il y ait bénéfice pour la société tout entière? C'est cette balance qui doit être prise en considération par les économistes dans les réformes qu'ils sollicitent. On les a vus maintes fois s'occuper trop uniquement de ce qui concernait une seule classe de la société, celle des consommateurs.

Y a-t-il des industries de bien des sortes ?

On distingue principalement l'industrie agricole, l'industrie manufacturière, l'industrie commerciale et l'industrie des arts libéraux.

Dans l'industrie agricole, on soumet la terre à l'action du travail pour en retirer les matières premières qu'elle peut fournir chaque année, sous l'influence de tel ou tel climat.

L'industrie manufacturière s'occupe, soit à rechercher seulement les matières premières [1] qui ne sont

---

[1] Un objet, bien qu'il ait déjà subi une façon, est dit matière première lorsqu'il arrive à une industrie dont la spécialité consiste à le transformer. Il s'ensuit que le même article n'a pas partout la même dénomination; dans telle fabrique, c'est une matière première, et dans telle autre c'est un pro-

soumises à aucune influence climatérique, soit à donner aux matières de toutes sortes des façons simples ou compliquées ; le bâton le plus informe, la machine la plus délicatement travaillée, la toile la plus grossière, les tissus les plus précieux, doivent leur existence à l'industrie manufacturière.

Au moyen de l'industrie commerciale, les objets sont transportés d'un lieu où ils ont peu de valeur dans un autre lieu où ils acquièrent un prix plus élevé. Des pierres situées dans une localité sont quelquefois inutiles et même gênantes ; conduites à une distance de quelques kilomètres, elles peuvent devenir une marchandise importante. Ce service rendu à la société est dû à l'industrie commerciale. — C'est cette même industrie qui distribue les richesses sur toute la terre. Les industries agricoles et manufacturières ont en général pour but d'augmenter le nombre des produits matériels; l'industrie commerciale se contente d'accroître leur valeur en les dirigeant judicieusement sur les points du globe où ils peuvent recevoir une destination avantageuse. C'était faute d'avoir une idée exacte de la *production* qu'il a été souvent répété que le commerce ne *produisait* rien, parce que ses opérations ne donnaient naissance à aucuns *produits* [1].

duit. Les effilés de coton, par exemple, sont matière première pour le fabricant de tissus, et de véritables produits pour le filateur.

[1] Cependant, moins une nation a besoin de se servir d'intermédiaires, plus elle a de *richesse d'usage* et de *richesse évaluée*, toutes choses étant égales d'ailleurs. Car le produit

L'industrie des arts libéraux s'occupe de la production des richesses immatérielles. Dans ce genre d'industrie, les producteurs sont les fonctionnaires, les médecins, les avocats, les notaires, etc. Néanmoins, nombre de littérateurs, d'artistes, qui produisent des objets matériels, tels que livres, statues, tableaux, etc., sont encore considérés comme des producteurs de la même catégorie, attendu que leurs œuvres n'ont de valeur, de mérite réel, que par les services immatériels qu'elles rendent.

CHAPITRE III.

Des richesses nécessaires à l'homme pour l'aider dans son travail.

L'homme, uniquement avec son travail, peut-il produire matériellement et immatériellement?

Non. L'homme, pour produire, réclame d'abord impérieusement l'aide de certaines richesses matérielles. Ensuite ses productions sont facilitées par le concours de toutes les richesses matérielles, intellectuelles et morales, qu'elles soient échangeables ou gratuites. Nous allons successivement traiter de l'importance de chacune de ces richesses.

net s'accroît à mesure que les frais de production disparaissent, et de cette manière on se rapproche de plus en plus de l'état de choses où les richesses sont gratuites. Aussi, dans tous progrès, dans tous perfectionnements, a-t-on constamment pour but la diminution du nombre des intermédiaires.

1° RICHESSES MATÉRIELLES ÉCHANGEABLES, OU CAPITAUX.

Certaines richesses matérielles échangeables sont indispensables à l'homme dans ses travaux. Ne faut-il pas qu'il se nourrisse, qu'il s'habille, qu'il se chauffe, qu'il ait des matières premières? A la rigueur, l'homme, en vivant dans les bois comme une bête fauve, peut se passer des richesses immatérielles, mais non de certaines richesses matérielles échangeables. On sait ensuite quelle influence le surcroit de ces dernières ou capitaux exerce sur la qualité et la quantité de ses productions.

2° RICHESSES GRATUITES.

L'homme ne peut être privé d'eau, d'air et de soleil; ces richesses gratuites lui sont donc encore indispensables. Mais il en est d'autres du même ordre qui, sans être aussi essentielles, lui rendent cependant d'éminents services. — Telles plages, telles eaux minérales, n'enrichissent-elles pas les pays où elles sont situées? — Une température douce et pérenne, des sites pittoresques et variés, ne font-ils pas la richesse de certaines contrées? — Qui ne sait que les vallées, fécondées pendant des siècles par des alluvions successives, sont autrement productrices que les montagnes, à peine recouvertes de terre végétale? Et la mer! En ouvrant ses ondes pour nous frayer des passages sans nombre d'un hémisphère à l'autre, quelle variété et quelle abondance n'apporte-t elle pas dans les objets que l'on crée pour notre usage!

3° RICHESSES INTELLECTUELLES.

Personne ne l'ignore, toutes les industries relèvent

de la science. Et qu'est-ce que la science, sinon un faisceau de richesses intellectuelles?

Les pays éclairés ne sont-ils pas ceux qui se distinguent par le nombre, la diversité et la perfection de leurs produits? Les richesses intellectuelles ont donc une influence des plus heureuses sur le travail de l'homme.

4° RICHESSES MORALES.

Quant aux richesses morales, elles sont encore d'une extrême utilité. — Est-ce que là où l'on se rirait de la justice et de la bonne foi, les industries ne seraient pas condamnées à une enfance perpétuelle? Est-ce que l'immoralité, de quelque nature qu'elle soit, n'entraîne pas après elle des conséquences fatales à la richesse publique ou privée?

CHAPITRE IV.

Les richesses gratuites et les richesses intellectuelles doivent faire partie de la science économique.

N'y a-t-il pas des économistes qui se refusent à laisser prendre place dans la science économique aux richesses gratuites, intellectuelles et morales?

Ainsi que nous venons de le voir, la perfection des produits et leur abondance réclamant l'aide des richesses gratuites, intellectuelles et morales, il devient évident que ces trois sortes de richesses doivent être comprises parmi celles dont s'occupe l'économie politique.

Si quelques publicistes se sont refusés à les admettre, cela tient à ce que cette science a manqué jusqu'ici d'une base inébranlable sur laquelle elle dût se fonder. — On ne savait comment évaluer la richesse des peuples, et, comme alors il était impossible de se former une idée nette de cette richesse, les éléments dont elle devait se composer restaient à l'état de choses vagues et confuses.

La nécessité de s'occuper des richesses matérielles échangeables était incontestable, mais il était loin d'en être de même pour les richesses gratuites et immatérielles. Maintenant que la *richesse évaluée ou d'usage* des particuliers, ainsi que celle des nations, peuvent se calculer, et qu'ensuite les principaux éléments de ces deux sortes de richesses se trouvent, comme nous l'avons vu, soit dans les utilités matérielles, gratuites ou non, soit dans les utilités morales ou intellectuelles, il est devenu impossible de ne pas comprendre ces diverses utilités dans la science économique [1].

CHAPITRE V.

Des diverses espèces de capitaux, et particulièrement du capital annuellement disponible.

Ne distingue-t-on pas plusieurs espèces de capitaux?

On distingue, d'après Smith, les capitaux engagés

---

[1] Voyez la note 14 de la troisième édition de ce livre.

et les capitaux circulants. Nous pensons qu'il faut encore faire mention du capital annuellement disponible.

Les capitaux engagés se rapportent aux valeurs représentées par les immeubles d'une exploitation : maisons, terres, usines, etc. ; valeurs que l'on ne peut distraire si l'on veut conserver à cette exploitation la même importance.

Les capitaux circulants sont ces valeurs qui, en se renouvelant sans cesse dans les industries de toute sorte, servent à l'acquisition des matières premières et à la rémunération des travailleurs. Les produits de toute industrie sont aussi des capitaux circulants, et l'ensemble de ces produits, lors de leur vente, doit solder tout à la fois le profit de l'entrepreneur, les salaires des travailleurs, l'intérêt des capitaux engagés, et même la dépréciation provenant de l'usure des immeubles.

Qu'entendez-vous par capital annuellement disponible ?

Dans un État prospère, toutes consommations faites, le capital national s'accroît chaque année d'une certaine quantité. Ce surplus, cet excédant, dont la valeur peut s'estimer ordinairement en France à près d'un milliard, nous l'appelons le capital *annuellement disponible*[1], et nous pensons qu'il mérite une mention

---

[1] On verra dans la quatrième partie de ce livre que le capital disponible annuel n'est pas dû seulement, comme le prétendait Smith, aux réserves que l'on peut faire sur les objets que l'on a produits, mais bien plutôt à une consommation importante et judicieuse de ces mêmes objets.

spéciale, attendu que les améliorations qui sont faites chaque année dans ce pays résultent en grande
partie de son action, et qu'on lui doit encore le
maintien au même taux des autres capitaux, ou
même leur accroissement en valeur. — En effet, qu'on
ne fasse jamais aucune économie chez une nation,
sans doute on pourra perfectionner ce qui existe, on
pourra même fonder des établissements nouveaux,
mais seulement en déplaçant les capitaux. Or, en
agissant ainsi, on ne fera que diminuer la valeur de
ceux qui existent, pour en reconstituer d'autres, et
conséquemment la somme des capitaux d'un pays
sera condamnée à une éternelle stagnation. — Au
moyen du capital *annuellement disponible* qui est à
l'affût des bons placements, tout à la fois, les valeurs
existantes ont une exubérance de vie, c'est-à-dire
tendent à s'accroître, et nombre d'entreprises nouvelles viennent, en se créant, augmenter le capital
national. Le capital *annuellement disponible* nous
paraît donc devoir être caractérisé tout spécialement, puisqu'il est, en réalité, le capital du progrès.

*La production d'un pays n'est-elle pas plutôt vi-
vifiée par son capital disponible que par la masse des
capitaux qu'il possède ?*

La production ne peut s'effectuer sans le capital,
de quelque nature qu'il soit. Mais il faut faire observer que c'est le capital disponible *seul* qui vi-
vifie les industries et les multiplie, car c'est seulement en raison de son abondance que, l'offre des
capitaux dépassant la demande, il en résulte une

diminution dans leur loyer [1], qui ne manque jamais
de donner une grande impulsion au travail national.

Nous ajouterons que le taux de l'intérêt, indépendamment de l'action du capital disponible, est d'autant moindre dans un pays qu'il s'y trouve une plus
grande quantité de propriétaires riches et capables,
attendu que ces derniers peuvent traiter directement
avec les entrepreneurs sans l'intermédiaire des banquiers, qu'il faut toujours rémunérer.

*Qu'entendez-vous par capitaux productifs et capi-
taux improductifs?*

Les capitaux productifs sont ceux que l'on consacre
à en reproduire d'autres : ainsi, le bois qui sert à
faire une table est un capital productif, Lorsque les
capitaux sont sous la forme de marchandises destinées
à notre consommation personnelle, on leur donne le
nom de capitaux improductifs [2].

[1] Turgot apprécie ainsi les avantages qui résultent de la
réduction de l'intérêt des capitaux :

« On peut, disait-il, regarder le prix de l'intérêt comme
une espèce de niveau au-dessous duquel tout travail, toute
culture, toute industrie, tout commerce, cessent. C'est comme
une mer répandue sur une vaste contrée. Les sommets des
montagnes s'élèvent au-dessus des eaux et forment des îles
fertiles et cultivées. Si cette mer vient à s'écouler, à mesure
qu'elle descend, les terrains en pente, puis les plaines et les
vallons, paraissent et se couvrent de productions de toute espèce. Il suffit que l'eau monte ou s'abaisse d'un pied pour
inonder ou pour rendre à la culture des plages immenses.
C'est l'abondance des capitaux qui ranime toutes les entreprises, et le bas intérêt de l'argent est tout à la fois le fait et
l'indice de l'abondance des capitaux. »

[2] On verra plus tard, dans la quatrième partie du caté-

Peut-on évaluer la somme des capitaux d'une nation ?

La somme des capitaux d'une nation ne diffère de sa *richesse évaluée* qu'en ce que cette *richesse* comprend en surplus le capital disponible, c'est-à-dire celui que la nation épargne annuellement.

CHAPITRE VI.

De la formation des capitaux,

Comment se créent les capitaux ?

On dit ordinairement que le capital ne peut être créé que de deux manières :

1° En produisant une marchandise dont la valeur est supérieure aux frais nécessités par sa confection ;

2° Au moyen de l'épargne.

Dans les chapitres suivants, nous démontrerons qu'il existe encore d'autres agents créateurs du capital, dont les principaux sont l'échange et le crédit.

Donnez-nous un exemple qui montre quel accroissement prodigieux les capitaux peuvent recevoir de l'épargne.

En partant de ce fait qu'un capital avec l'intérêt des intérêts, placé à 5 p. 100, se double tous les quatorze ans, une personne qui, à sa majorité, hériterait de 500,000 francs, pourrait à la rigueur posséder environ 16 millions de francs à l'âge de quatre-vingt-dix ans,

chisme, que cette épithète, *improductif*, est une expression impropre.

CHAPITRE VII.

Des capitaux et des autres forces productrices.

Lorsque deux pays ont le même capital, celui des deux qui possède un plus grand nombre de forces productrices n'a-t-il pas un grand avantage sur l'autre ?

Assurément. En effet, deux pays peuvent avoir une même somme de capitaux en terres, bien qu'elles aient des étendues différentes ; mais si, les terres ayant une égale fertilité, ils ont tous les deux les mêmes facilités pour les faire valoir, il est évident que celui qui en possédera davantage aura des récoltes plus abondantes, et en général des revenus plus considérables que l'autre. — Aux Etats-Unis, par exemple, en raison de son étendue, une terre de 100,000 francs pourra rendre à son propriétaire un revenu net de 10 à 12,000 francs par an, tandis qu'une terre du même prix, mais de moindre étendue, ne rendrait en France que tout au plus le tiers de cette somme.

D'où nous concluons qu'à égalité de capitaux, le pays le mieux pourvu d'autres forces productrices doit avoir une prépondérance sur ceux auxquels on le compare,

C'est ce qui explique comment, malgré leur infériorité sous le rapport des capitaux, les colonies ont pu rapporter en maintes circonstances de très-grands revenus.

C'est le même principe qui donne lieu à toutes les émigrations. On suppose qu'en réalisant ses capitaux, et en les transportant dans la contrée où l'on désire se fixer, on acquerra, par l'échange de ces mêmes capitaux, de nouvelles forces productrices, supérieures en nombre et en énergie à celles que l'on possédait précédemment.

CHAPITRE VIII.

La fabrication des objets de luxe fait accroître la richesse évaluée d'un pays.

La production des objets de luxe a-t-elle sa raison d'être, comme celle des objets essentiels, pour accroître les capitaux d'un pays?

Quelques publicistes prétendent que, dans le but d'accroître le capital d'une nation, tous les citoyens qui la composent doivent rivaliser entre eux de parcimonie pour se porter en masse, avec capitaux et revenus, à la fécondation des terres, à la confection des vêtements en étoffes communes, à la construction des chaumières, en définitive à la production des choses les plus nécessaires. D'après ces publicistes, on ne saurait trop dédaigner ce qu'ils traitent de frivolité et de colifichet; et si on les écoutait, le gracieux, l'élégant, le beau, le luxe enfin, céderaient la place à l'essentiel, et l'on ne devrait plus voir de fleurs que sur la pomme de terre ou sur l'oignon. Mais, à l'aide de ce triste, de ce malencontreux ré-

gime, on serait loin d'atteindre au degré de prospérité financière qu'ils nous promettent.

Qu'est-ce qui encourage l'homme au travail? Qu'est-
ce qui surexcite sa passion pour le gain? N'est-ce pas
le désir de se procurer toutes les jouissances possibles? — Or, si les marchandises de luxe que l'on désire n'existent pas, évidemment le pouvoir d'achat,
qui n'est que la juste rémunération des labeurs de
l'homme, devient l'illusoire ; le travail s'arrête et le
capital doit décroître. — C'est donc ce qui arriverait
infailliblement si chacun de nous était forcé de se
contenter du brouet noir de Sparte, d'une chaumière
et de quelques haillons.

Ainsi la fabrication des marchandises de luxe a
sa raison d'être, comme la production des objets essentiels, lorsqu'il s'agit d'accroître les capitaux d'une
nation.

CHAPITRE IX.

**Différence entre les bénéfices que fait obtenir
un même capital lorsqu'on l'emploie dans diverses entreprises.**

*Dans un pays quelconque, les productions an-
nuelles de l'homme aidé du même capital ont-elles toujours la même valeur?*

Nous avons établi que, dans des pays différents,
à égalité de capital, on accroissait d'autant plus la
valeur de ses productions que l'on disposait d'un
plus grand nombre de forces productrices. — Bien
plus, dans le même pays, avec le même capital,

suivant le genre d'occupation auquel l'homme se
livre, la valeur des produits qu'il obtient peut diffé-
rer énormément.

En France, par exemple, dans telle industrie, le
capital du travailleur ne lui rapportera annuellement
que 5 ou 6 p. 100, tandis que dans telle autre il
touchera 10, 20, 30 p. 100 du capital dont il se sera
servi. Cette considération est une des plus importantes de la science économique. Nous y reviendrons
plus tard, et nous démontrerons que dans ce moment, en Europe, les travaux agricoles sont beaucoup moins rémunérés, à égalité de capital, que les
travaux industriels. Qu'on le remarque bien, il ne
s'agit pas seulement ici de l'intérêt d'un capital, mais
bien tout à la fois et de cet intérêt et de la rémunération du travailleur.

CHAPITRE X.

Du meilleur emploi qu'une nation peut faire de ses capitaux.

*Les capitaux de diverses natures qu'un peuple pos-
sède doivent-ils être tous fixés sur son territoire, pour
qu'il obtienne la richesse évaluée la plus grande
possible?*

Il y a certaines distinctions à faire. Les capitaux
engagés en terres, usines, fabriques, etc., ne sauraient exister en trop grande abondance sur le territoire d'un peuple, afin de donner l'essor à sa *richesse*

évaluée, bien entendu en supposant que leur placement soit fructueux.

On dira peut-être qu'il serait préférable de fonder
avec ces capitaux des usines à l'étranger, lorsqu'ils
devront y donner des revenus nets plus élevés. Mais
ces usines situées à l'étranger font perdre nécessairement la *richesse évaluée*, qui se développe par suite
de la consommation des ouvriers qui y sont employés,
richesse très-importante à considérer, comme on le
démontrera dans la quatrième partie de ce catéchisme. De plus, chaque établissement créé chez les
nations étrangères y reste pour toujours, et entre en
ligne de compte dans l'appréciation de leur *richesse
évaluée*. — Il est vrai que ces nations sont grevées
d'une dette ; mais que de difficultés ne rencontre-t-on
pas pour recouvrer une créance, lorsqu'il faut recourir à des législations la plupart du temps inconnues,
et presque toujours hostiles à ceux qui ne sont pas
indigènes ! — Ainsi, le placement des capitaux à l'é-
tranger ne doit avoir lieu que dans un petit nombre
de cas.

Quant aux capitaux circulants ou disponibles, un
peuple ne doit les conserver à cet état sur son territoire, c'est-à-dire sans les transformer en capitaux
engagés, qu'autant qu'ils rendent des services effec-
tifs, ou encore qu'ils ont une destination très-pro-
chaine. En agissant autrement, il perdrait l'intérêt de
ces capitaux, les frais de magasinage qu'ils nécessitent, et parfois, en cas d'incendie ou d'autres acci-
dents, leur valeur presque tout entière.

Parmi les capitaux circulants qu'il est particulièrement préjudiciable à un peuple de détenir sans en avoir l'emploi, nous citerons :

1° Les capitaux correspondants aux richesses du second groupe de notre tableau, richesses d'une conservation difficile ou onéreuse, telles que les céréales de toute espèce, le bétail gras vivant ou abattu, les vins de diverses sortes, la bière, le cidre, etc. ;

2° Les capitaux correspondants aux richesses du cinquième groupe, telles que les tissus de luxe en coton, laine, soie, et en général toutes les futilités dont un caprice de la mode peut anéantir ou faire déchoir considérablement la valeur d'un moment à l'autre.

Nous ajouterons qu'un peuple doit s'efforcer de réduire autant que possible ses besoins par rapport au capital *espèces*, car rien n'est plus facile que d'en trouver un placement avantageux à l'étranger.

On verra plus tard que les peuples les plus avancés dans la connaissance de l'économie politique ne réservent qu'une très-minime quantité de numéraire pour le service de leurs échanges.

CHAPITRE XI.

Des causes du progrès de l'industrie (division du travail, machines, etc.), et des résultats de ce progrès.

Comment reconnaît-on que l'industrie d'un pays progresse?

1° Lorsque les anciens produits baissent de prix, bien qu'on en confectionne davantage ;

2° Lorsqu'une grande quantité d'objets nouveaux se présentent sur le marché, et s'y débitent.

Quelles sont les causes principales du progrès de l'industrie?

D'abord l'abondance des capitaux disponibles, dont il a été précédemment parlé ; ensuite la division du travail, l'emploi des machines, etc.

Qu'est-ce que la division du travail?

On appelle division du travail la répartition, entre divers ouvriers, des travaux à effectuer pour produire un objet, répartition opérée de telle sorte que chacun d'eux n'ait presque jamais que la même occupation. Alors, leurs aptitudes, en se spécialisant, se perfectionnent au plus haut degré, et toutes les fabrications gagnent sous le rapport de la qualité et du bon marché. — Ainsi, dans la fabrication des épingles, c'est toujours le même ouvrier qui coupe le fil, le même qui l'étame, le même qui fait la tête, etc., et l'on est arrivé de cette manière à en livrer d'excellentes au commerce, à des prix dont la vileté excite la surprise générale.

Autrefois les divers objets dont un individu avait besoin étaient confectionnés par la famille à laquelle il appartenait ; les princesses même filaient la laine qui entrait dans les vêtements de leurs époux et de leurs enfants. Le plus souvent, aujourd'hui, chaque famille se livre à une spécialité industrielle, et se procure, par l'échange des objets toujours de même espèce qu'elle produit, les articles variés que ses membres consomment.

4

Quels sont les services que les machines rendent à l'industrie ?

Nous allons faire ressortir leurs merveilleuses fonctions. — Les esclaves, au temps jadis, rendaient sans doute d'éminents services, mais ils étaient la honte, l'opprobre, la souillure du genre humain. Au moyen de son génie créateur, l'homme les a remplacés très-avantageusement par des machines, dont il peut ainsi s'honorer comme d'une conquête des plus glorieuses et des plus utiles. A volonté, elles exécutent les ouvrages les plus délicats et produisent les efforts les plus gigantesques. Ce n'est, en vérité, qu'avec étonnement et admiration que l'on considère cette masse de marchandises qu'un petit nombre de travailleurs, aidés de ces féeriques auxiliaires, peut livrer à la consommation générale.

Il faut le reconnaître, les progrès que nous avons faits dans la civilisation sont dus en grande partie à l'invention et au perfectionnement des machines. Si les charrues et autres instruments agricoles n'avaient pas été inventés, au lieu d'employer (comme nous le faisons habituellement), sur cent mille personnes qui composent une société, quarante mille pour la nourrir, il en faudrait peut-être quatre-vingt-dix mille. Alors il ne resterait que dix mille personnes pour confectionner tous les objets de pur agrément et de luxe. Grâce aux machines, ce dernier nombre s'est sextuplé. — On calcule qu'en France, les machines à vapeur seules représentent la force de huit millions d'hommes valides.

Les machines ne sont-elles pas quelquefois funestes au bien-être des ouvriers?

Oui, sans doute, au moment de leur première mise en œuvre, car il se fait un déclassement dans les travailleurs. Mais, aussitôt que les machines ont fonctionné durant un an ou deux, les ouvriers auxquels elles se sont substituées ont eu, en général, pendant ce temps, la possibilité de se caser ailleurs, et alors ils bénéficient avec tout le monde du bon marché des objets qu'elles aident à fabriquer.

De plus, en raison de ce bon marché, les produits se débitent en général avec une telle rapidité, que le nouveau mode de fabrication occupe, très-souvent, un plus grand nombre de travailleurs que le précédent. Ainsi, lorsqu'en 1769, Arkwright monta sa machine à filer, sept mille personnes seulement travaillaient, en Angleterre, à la confection des étoffes de coton; maintenant c'est par millions que ce pays compte le nombre de ses ouvriers cotonniers. Nous pourrions encore citer maints exemples analogues.

Quelles sont les conséquences des progrès de l'industrie?

Généralement, le progrès de l'industrie est favorable tout à la fois aux producteurs en accroissant leurs bénéfices, et aux consommateurs en diminuant le prix des marchandises. Mais ce progrès a eu l'inconvénient, jusqu'ici, de priver de plus en plus les ouvriers des douceurs de la vie de famille, et de les astreindre à des travaux longs et pénibles dans des locaux fermés, toutes choses aussi malsaines pour le corps que pour l'âme, et qui tendent par conséquent à faire dégénérer l'espèce humaine. Nous ajouterons que, fréquemment, les chefs industriels, par une imprudence qui paraît inhérente à leur genre de production, fabriquent au delà de ce qu'ils peuvent écouler, et qu'il en résulte des crises qui compromettent gravement l'intérêt des travailleurs.

TROISIÈME PARTIE.

DISTRIBUTION DES RICHESSES.

CHAPITRE I.

De l'échange et de la monnaie.

Qu'est-ce qu'un échange?

Le troc que fait un individu d'une richesse qu'il possède contre une autre qu'il désire s'approprier.

Comment se fait la distribution des richesses?

Par l'échange [1], et le plus habituellement c'est la monnaie qui sert d'intermédiaire pour l'effectuer.

Indiquez-nous comment dans les échanges la monnaie joue ce rôle d'intermédiaire.

Un objet est-il désiré, d'une part la richesse qu'on peut donner en échange n'est presque jamais d'une valeur égale, et, d'autre part, le propriétaire de cet objet peut ne pas se soucier de l'espèce de richesse qu'on lui offre en retour.

C'est en recourant à l'intermédiaire dont il a été parlé que l'on parvient à sortir de cette difficulté.

---

[1] L'échange n'est pas le seul mode de distribution des richesses. La conquête à main armée, les dons gratuits, la fourberie, etc., les répartissent encore entre les hommes. Mais l'économie politique ne s'occupe que de la répartition des richesses par voie d'échange.

Ainsi, une personne veut-elle opérer un échange, elle commence par faire maints efforts pour trans-former en monnaie ce qu'elle possède, puis ensuite elle troque aisément celle-ci contre l'objet désiré.

On est dit faire un achat quand on se procure un objet quelconque avec de la monnaie, et une vente quand on échange contre cette dernière un objet que l'on possède.

Pourquoi est-il plus difficile d'échanger une mar-chandise quelconque contre de la monnaie que de faire l'échange inverse?

Lorsqu'une marchandise n'est pas demandée par son consommateur, ce qui est très-ordinaire, il n'est qu'un petit nombre d'individus, qu'on appelle négo-ciants, qui soient disposés à l'acquérir, leurs fonc-tions sociales consistant à trouver des débouchés à cette marchandise, et à la conserver en bon état jus-qu'au moment où la consommation la réclame. Nous sommes donc forcés, lorsque nous avons un objet à vendre, de passer par les mains de cette classe de la société, qui, en général, est maîtresse du marché et nous fait trop souvent la loi.

Qu'il en est différemment lorsque la marchandise que l'on possède se compose de métaux précieux! Tout le monde veut acquérir cette sorte de richesse; car nos besoins, à toute heure, à tout instant, la ré-clament impérieusement. On est donc toujours as-suré de trouver bien vite le placement de ces métaux[1], et c'est ce qui fait qu'ils sont si recherchés.

---

[1] On a dit avec une grande vérité que la monnaie était un billet à ordre, *universel*, payable à la volonté du porteur.

Les gouvernements fixent-ils la valeur des mon-naies?

En aucune sorte. Ils fixent bien le poids et le degré de fin que doivent avoir les divers disques dont se compose la monnaie, mais ils se gardent de déterminer là quantité de cotonnades, de lainages ou d'autres articles, que l'on devra donner en retour.

Les monnaies n'ont-elles jamais été qu'en or et en argent?

On s'est servi de platine, de cuivre, de fer, de cuir, de coquilles, de plomb, de papier, etc.; mais l'or et l'argent ont toujours été le plus généralement employés à cet usage.

L'or et l'argent peuvent-ils servir comme monnaie lorsqu'ils sont à l'état brut?

Sans doute, et en Chine une grande partie des transactions s'opère de cette manière. Néanmoins, lorsque l'État met une empreinte qui constate et le poids et le degré de finesse de ces métaux, les transactions deviennent bien plus faciles. Cette empreinte ajoute, à la vérité, un léger prix aux monnaies, mais aussi elle rend inutiles les vérifications longues et dispendieuses qu'exigerait chaque morceau de métal soumis à l'échange.

La monnaie de billon et de cuivre mise en circulation par l'État n'a-t-elle pas un cours supérieur à sa valeur intrinsèque?

Oui. Dans la fabrication de cette monnaie, les gouvernements s'appliquent un énorme bénéfice. Ainsi, 5 francs en gros et petits sous ne valent guère que 2 francs. Toutefois ce n'est pas dans une pensée frauduleuse que les gouvernements agissent ainsi ; ils ont seulement pour but de rendre plus maniable une monnaie que son peu de valeur met à l'abri de la contrefaçon.

N'a-t-on pas fabriqué autrefois des monnaies d'or et d'argent n'ayant pas le poids qu'elles étaient censées indiquer ?

Oui, mais c'était dans un temps d'ignorance et de barbarie. C'était à une époque où l'on reconnaissait jusqu'à un certain point aux souverains le droit de fixer le titre de la monnaie, et par conséquent de la refondre, dans le but, probablement, de faire profiter le trésor public de l'énorme bénéfice que rendait le seigneuriage [1], bénéfice prélevé sur ceux qui possédaient les métaux précieux, c'est-à-dire en très-grande partie sur la classe la plus riche de la société.

De là cette conséquence souverainement inique, qu'un impôt pouvait être prélevé sur les créanciers de l'État en les soldant avec une monnaie dont le titre était inférieur à celui de la précédente. Et qu'on veuille bien le remarquer cependant, — cet impôt n'était pas entièrement à la charge de ces créanciers ; il se reportait, pour une bonne part, durant un certain temps, sur les autres contribuables, dont les produits ne s'élevaient jamais immédiatement au prix qui devait résulter du nouveau titre de la monnaie [2]. Aujourd'hui, grâce aux idées reçues en fait d'impôts,

---

[1] Le *seigneuriage* était la taxe perçue par les souverains sur la fabrication des monnaies.

[2] Le droit du souverain d'altérer les monnaies était tellement reconnu au temps jadis, que plusieurs fois, et notam-

grâce aux facilités que chacun possède pour reconnaître l'adultération des alliages métalliques, le désordre qui résulterait d'une telle manœuvre ne tournerait qu'au discrédit des gouvernements, attendu qu'elle ne produirait pas même les avantages momentanés qu'en tirait autrefois le trésor public.

De nos jours, il est à remarquer que la France obtient un certain profit de la précision du titre des pièces d'or et d'argent qu'elle frappe, car ces pièces inspirent tant de confiance qu'elles sont acceptées presque dans toute l'Europe.

Donnez-nous des exemples de la manière dont les richesses se distribuent au moyen de l'échange.

Voyez ce manœuvre et ce haut fonctionnaire gagnant, par an, l'un 500 fr. et l'autre 100,000 fr. Le contraste de leurs positions sociales est dû uniquement à la différence des sommes contre lesquelles chacun d'eux peut échanger son travail manuel ou intellectuel.

Dans des négociations de la même durée, le grand banquier bénéficiera de 100,000 fr., alors que le petit escompteur devra se contenter d'un profit cent et mille fois plus faible. La diversité de ces rémunérations est encore due à l'échange de leur travail individuel.

A presque tous les instants de notre vie, nos richesses se transmettent, au moyen de l'échange, à ceux qui nous nourrissent, nous logent, nous habillent, nous transportent, etc.

ment en France sous Charles VII, les peuples ont demandé que ce droit fût abandonné, et échangé contre un accroissement des tailles et des aides.

CHAPITRE II.

Un échange librement consenti entre deux pays peut faire accroitre inégalement la richesse évaluée de chacun d'eux.

Quel rôle l'échange joue-t-il dans la science économique?

Un rôle des plus importants. Sans l'échange, il n'y aurait pas de division du travail; alors, chaque famille fabriquant ce dont elle aurait besoin, on ne pourrait jamais arriver qu'à la satisfaction des besoins les plus grossiers de la vie. De là conséquemment la disparition des arts, et le retour à l'enfance des âges. Aussi quelques économistes sont-ils allés jusqu'à dire que l'échange était l'économie politique [1] elle-même.

Que deviennent les richesses d'usage et les richesses évaluées de deux individus qui ont contracté un échange?

L'un et l'autre gagnent de la *richesse d'usage*, car, si cet échange n'avait pas dû leur faire éprouver une satisfaction, ils ne l'auraient pas contracté. On peut presque dire que cet accroissement de bien-être est le même de chaque côté, car les satisfactions doivent être à peu près compensées. Quant à leurs *richesses évaluées*, généralement en raison, d'une part, du prix des objets échangés, et, d'une autre part, soit de

[1] Suivant Bastiat, l'échange c'est l'économie politique. Whately voulait appeler l'économie politique *katallettique*, ou science de l'échange.

l'intérêt des capitaux qui ont servi à les produire, soit du nombre des journées de travail qui y ont été appliquées, l'un des échangistes augmente plus que l'autre sa *richesse évaluée.*

Prenons pour exemple un artiste qui vend à un agriculteur, moyennant 100 hectolitres de blé, au cours de 20 fr. l'hectolitre, un tableau auquel il a travaillé pendant quinze jours. Les journées du peintre seront payées environ 130 fr. chacune, tandis que celles de l'agriculteur, qui se montent à un nombre considérable, environ deux mille, en y comprenant le travail des femmes et des enfans, ne ressortiront pas à plus de 1 fr., même en tenant compte de l'intérêt du capital de la terre qu'il a cultivée.

Par suite de cet échange, la journée du peintre étant payée 130 fois plus que celle du cultivateur, il est incontestable que les *richesses évaluées* des deux échangistes doivent s'accroître inégalement [1].

Un échange fait entre citoyens d'une nation augmente-t-il toujours et la richesse évaluée et la richesse d'usage de cette nation?

En général, la *richesse évaluée* d'une nation ne s'accroît pas par suite d'un échange que font entre eux deux citoyens, attendu que la perte de l'un, s'il y a perte, est compensée par le gain de l'autre. Toutefois, la multiplicité des échanges annonçant que la division du travail est bien entendue, et que la production est considérable, cette multiplicité d'échanges, chez un peuple, est un indice de l'accroissement de sa

[1] Voir la note 17 de la troisième édition de ce livre, qui le démontre mathématiquement.

richesse évaluée. Quant à sa richesse de bien-être, chaque échange l'accroît, puisque chacun des échangistes se procure de cette manière ce qu'il désire, ce dont il a besoin.

La quantité des échanges d'un peuple se trouve donc dans une certaine relation avec sa *richesse évaluée* et sa *richesse de bien-être.* Et c'est ce qui explique l'état de souffrance dans lequel il se trouve lorsque son commerce intérieur ou extérieur est arrêté pour une cause quelconque.

Que deviennent la richesse évaluée *et la* richesse d'usage *de deux nations qui contractent un échange?*

Généralement leur *richesse d'usage* s'augmente, mais la *richesse évaluée* de l'une s'accroît, tandis que celle de l'autre diminue au moins relativement, ainsi que nous l'avons établi lorsqu'un échange se fait entre particuliers.

L'économie politique a-t-elle beaucoup d'enseignements à donner aux particuliers et aux nations sur la pratique de l'échange?

L'économie politique n'a que peu à apprendre aux particuliers pour leurs transactions journalières, et l'on peut dire que généralement leurs lumières et leur habileté relativement à l'échange ne laissent rien à désirer. Du reste, la loi met en interdit, comme faibles d'esprit, ceux qui d'ordinaire sont victimes dans ce genre d'opérations.

Toutefois, nous ferons observer que chez certaines nations, et particulièrement en France, on ne cherche pas assez à se débarrasser des intermédiaires parasites, qui occasionnent la hausse du prix des objets, et en arrêtent par suite la production. Ainsi, pourquoi, avec une législation convenable, et sans le secours d'agents officiels [1], chacun ne pourrait-il pas vendre aux enchères les marchandises qui lui appartiennent?

Quant aux nations, il n'existe aucune loi qui puisse les frapper d'interdit, bien que, souvent, par ignorance, elles fassent des pertes énormes dans les échanges qu'elles contractent avec l'étranger. Mais la science économique commence à se créer, à se vulgariser, et bientôt de pareilles erreurs seront reconnues presque à l'instant, et aussitôt rectifiées.

CHAPITRE III.

Du prix des marchandises.

§ 1.

DE LA FIXATION DES PRIX.

Comment s'établit le prix d'une marchandise ?

Le prix d'une marchandise résulte des désirs plus ou moins vifs que les producteurs et les consommateurs ont, les uns de la vendre, les autres de l'acheter. Ces désirs plus ou moins vifs, traduits en un certain nombre d'unités monétaires, sont appelés, en économie politique, l'offre et la demande.

---

[1] Voyez notre *Traité de la liberté des ventes aux enchères*, troisième édition, Paris, Guillaumin, éditeur.

L'offre et la demande d'une marchandise ne relèvent-elles pas de certaines lois qui permettent, dans plusieurs circonstances, d'en préjuger le cours ?

Oui. jusqu'à un certain point. Ainsi :

1° Considérons d'abord les objets qui sont à confectionner. Le prix minimum de ces objets, évidemment, se calculera sur le coût de leur fabrication, et il s'élèvera d'autant plus au-dessus de ce coût qu'ils seront plus demandés. Il en serait de même si l'on avait confectionné d'avance quelques-uns de ces objets, en prévision de besoins nombreux et parfaitement reconnus.

2° Lorsque les objets existent de toutes pièces, et qu'une nouvelle création est impossible, leur cours ne se règle plus sur l'ancien prix de fabrication, et il est d'autant moins ou d'autant plus élevé qu'ils sont plus communs ou plus rares.

3° Si les objets peuvent être fabriqués à nouveau, mais sont en telle abondance sur la place que leur production ne puisse avoir lieu qu'à perte, leur prix de vente ne dépendra nullement encore du prix de fabrication, et ils seront d'autant moins chers qu'ils seront plus communs.

Sans doute, c'est bien l'offre et la demande qui déterminent, en définitive, le prix de toutes les marchandises; mais, pour nombre d'entre elles, on ne peut contester que la durée du travail et le salaire ne soient des éléments au moyen desquels on pourrait fixer approximativement ce prix.

Donnez-nous des exemples à l'appui de ce que vous venez d'avancer;

1° Les objets de toute nature que l'on peut fabriquer au fur et à mesure des besoins sont vendus à peu près au prix de revient.

2° Les tableaux des maîtres décédés, les pierres précieuses, les curiosités, etc., sont vendus d'après leur rareté.

3° Les maisons, dans certains pays qu'abandonnent leurs habitants, se vendent souvent le tiers, le quart, le dixième de ce qu'elles ont coûté.

A quelles causes doit-on attribuer le bon marché des produits à confectionner ?

Le bon marché des produits tient à nombre de causes. Nous signalerons les principales : 1° le faible loyer des capitaux; 2° la grande quantité des débouchés ouverts aux marchandises fabriquées; 3° les aptitudes que depuis longtemps les ouvriers ont su acquérir; 4° la proximité des matières qui entrent dans la fabrication d'un objet, et généralement la facilité des transports; 5° le milieu où les producteurs travaillent, milieu dans lequel leurs facultés prennent chaque jour un nouvel essor.

Le prix des marchandises, dans un pays, n'est-il pas en rapport avec la quantité d'or et d'argent qui s'y trouve ?

Nullement. En effet, les prix des mêmes objets dans toutes contrées, les unes riches et les autres pauvres en métaux précieux, s'équilibrent de telle sorte, qu'ils ne diffèrent tout au plus que d'une somme égale aux frais de transport et de commission. Ce prix n'est donc pas déterminé par le plus ou le moins d'or qui se trouve dans chacune de ces contrées. Il est vrai que la quantité des métaux précieux en circulation sur le globe a une grande influence sur tous les prix, car depuis la découverte des trésors du nouveau monde il n'est point d'article commercial qui n'ait renchéri ; mais ce résultat provient d'une cause générale et non locale. Dans chaque pays, le cours des marchandises dépend bien plutôt de l'offre et de la demande, ainsi que de l'importance des capitaux disponibles de toute sorte qui s'y trouvent, que d'un approvisionnement considérable en or et en argent.

La quantité des métaux précieux restant la même dans un même pays, leur valeur relative peut-elle augmenter ou diminuer ?

Sans aucun doute. Quand les pays deviennent plus industrieux, le nombre des échanges s'accroît, et les métaux précieux, étant plus demandés, augmentent de valeur. Nous verrons plus tard que cet effet peut être conjuré en partie par l'usage des monnaies de crédit, qui en maintes circonstances sont susceptibles de remplacer l'or et l'argent.

§ 2.

DE L'ACTION DU PRIX DES MARCHANDISES SUR LES SALAIRES.

Existe-t-il des rapports entre le prix des marchandises fabriquées et les salaires ?

Lorsque le travailleur, pour rendre ses efforts fructueux, n'a besoin que d'un très-faible capital, son salaire s'accroît et diminue avec le prix de la \

marchandise qu'il confectionne. Mais, lorsqu'il est puissamment aidé par des capitaux importants, en général son salaire s'augmente au fur et à mesure que le prix de la marchandise qu'il fabrique diminue. En voici la raison : la baisse du prix des fabrications dans une contrée résulte, en grande partie, de la masse des capitaux qui chaque jour viennent s'y accumuler; car alors l'intérêt de ces capitaux s'amoindrit [1], et l'on ne manque pas de faire un usage de plus en plus fréquent des machines. En outre, une masse de capitaux ne peut exister dans un pays sans qu'une grande quantité de citoyens augmentent leurs dépenses, et, de proche en proche, par l'exemple, donnent à l'ouvrier de nouveaux appétits, qui prennent bientôt le caractère de besoins qu'il faut absolument satisfaire. De là tout à la fois la baisse de prix des marchandises fabriquées et la hausse des salaires.

C'est tout le contraire dans l'agriculture. A mesure que les produits agricoles prennent plus de valeur, les salaires suivent la même marche ascendante. Ne faut-il pas chaque jour une égale quantité d'aliments pour soutenir l'existence des travailleurs? Or, ces aliments, produits de l'agriculture, venant à renchérir, les salaires doivent nécessairement aller en augmentant.

Le labeur des ouvriers dans les pays où les salaires sont très-élevés n'est-il pas moins rétribué, relativement à ses résultats, que là où les salaires sont modiques?

[1] Voyez la note page 53.

Certainement. D'abord les ouvriers dont les salaires sont élevés se trouvent dans les pays les plus civilisés, et conséquemment peuvent unir à des muscles vigoureux une grande somme d'intelligence. Ensuite, ces ouvriers sont convaincus qu'en redoublant d'énergie, non-seulement ils jouiront de tous les fruits de leurs efforts, mais encore que le champ le plus vaste devra s'ouvrir à leur ambition. — Ailleurs, c'est-à-dire dans les pays moins avancés en civilisation, le travail est presque entièrement musculaire; et ce n'est plus l'espoir d'un avenir séduisant qui stimule, anime, entraîne les travailleurs. La crainte est presque toujours le motif suprême de la peine qu'ils se donnent : on craint le maître, on craint la misère. — Or, c'est uniquement dans l'espérance fondée d'un bien-être prochain, ou d'extrêmes richesses à obtenir, que l'homme trouve toute la force, toute l'énergie, qui lui sont nécessaires pour se roidir contre la fatigue et pour ne redouter aucune défaillance.

Pourquoi les salaires, les traitements, sont-ils en général plus élevés dans l'industrie que dans l'agriculture?

Tout simplement parce que les travailleurs industriels sont plus rares. On a prétendu que ces salaires élevés tenaient à la difficulté de l'apprentissage ; nous nous gardons de le croire. Sans doute, lorsqu'on veut introduire une industrie quelque part, au début l'apprentissage des ouvriers est fort coûteux ; mais, lorsque cette industrie a pris racine depuis quelque temps, l'industriel qui veut élever son fils dans sa profession ne dépense guère plus que l'agriculteur en

pareille occurrence. Ainsi, dans les pays de houillères, de forges, de filatures, etc., les enfants ap-
prennent le métier de leur père tout aussi facilement
que dans les pays agricoles. — Du reste, dans l'industrie, si l'on excepte ce qui concerne les directeurs et les contre-maîtres, le rôle de l'homme devient de jour en jour moins difficile, en raison de
l'emploi des machines et de la division du travail,
qui simplifient incessamment sa besogne.

§ 3.

DE L'ACTION DU PRIX DES MARCHANDISES SUR LA RICHESSE ÉVALUÉE D'UNE NATION.

*Quels doivent être les prix des marchandises de
toute sorte, pour que le capital d'une nation prenne le
plus grand développement possible?*

En jetant les yeux sur les quatre termes de l'expression de la *richesse évaluée*, on s'aperçoit que,
pour faire accroître cette richesse le plus possible,
1° les marchandises sous forme de capitaux engagés,
telles que les terres, les usines, les maisons, etc., du
premier terme; 2° les marchandises sous forme de
capitaux circulants qui ne se détériorent qu'après un
long temps, comme les diamants, les pierres précieuses, les tableaux, les statues, etc., comprises dans
le troisième terme, ne peuvent avoir un prix trop
élevé. — Quant aux marchandises que la consommation détruit, telles que le grain, le vin, les étoffes, etc., qui composent le second terme, celui de la

production annuelle, il est à désirer qu'elles soient au meilleur marché possible (toutefois lorsque ce bon marché n'exerce pas sur les capitaux engagés qui servent à les produire une action directe qui fasse décroître ces capitaux).

En effet, le bas prix de ces dernières marchandises permettant aux travailleurs industriels de se contenter d'un salaire très-restreint, le prix de revient des diverses fabrications diminue; il en résulte qu'on a plus de facilités pour les écouler sur tous les marchés, et accroître ainsi le capital national.

On doit ajouter que, si les marchandises de ce dernier ordre ont un prix élevé, ce prix ne tendrait que très-peu par lui-même à faire accroître le capital national, attendu que, ces marchandises étant comprises et dans le second terme de la *richesse évaluée*, qui est positif, et dans le quatrième terme, qui est négatif, ces deux termes se détruisent presque[1] l'un par l'autre.

Mais le capital des terres n'est-il pas lié au prix des denrées agricoles de telle sorte que la valeur du sol s'accroît avec le prix de ces denrées ?

Sans contredit. Ainsi, les produits agricoles se vendent-ils fort cher, la terre prend aussitôt une plus grande valeur, car le métayer la cultive habituellement en donnant le tiers ou la moitié des fruits. Mais

---

[1] Nous disons *presque*, car, suivant que la valeur de la production annuelle sera ou plus grande ou plus petite que celle de la consommation pendant le même temps, la hausse du prix des marchandises accroîtra ou diminuera la valeur de la *richesse évaluée*.

alors les salaires s'accroissent, et il devient difficile de donner aux manufactures un grand développement. — Il est donc à désirer que les denrées agricoles, pour ce dernier motif, ne s'élèvent qu'à un prix raisonnable, et d'autant plus que, si les manufactures prospèrent, leur prospérité est éminemment favorable à l'accroissement du capital du sol.

§ 4.

DE L'APPRÉCIATION DE LA RICHESSE D'USAGE AU MOYEN DU PRIX DES MARCHANDISES.

Quelle est l'action du prix des marchandises sur la richesse d'usage d'une nation?

Au fur et à mesure que la valeur véritable[1] de toutes les marchandises baisse, la *richesse de bien-être* générale doit augmenter, car alors les marchandises se rapprochent de plus en plus, sous le rapport de la facilité que l'on a pour les obtenir, des richesses gratuites, telles que l'eau, l'air, les rayons du soleil.

La richesse d'usage des nations s'est-elle accrue relativement aux marchandises manufacturées et aux produits de l'agriculture ?

Comme il est incontestable que les marchandises manufacturées baissent constamment et réellement de prix, on ne peut mettre en doute que la *richesse d'usage* des nations se soit accrue relativement à cette

---

[1] *Valeur véritable* : valeur pour laquelle on tient compte de l'abondance et de la rareté des métaux précieux, c'est-à-dire de leur dépréciation ou de leur plus·value.

5.

espèce de marchandises. Mais, quant aux produits de
l'agriculture, dont les prix sont stationnaires ou bien
s'élèvent d'une manière continue, on ne saurait aussi
aisément se prononcer, car, les métaux précieux devenant chaque jour plus abondants, il est possible
qu'une marchandise s'accroisse de prix, bien que sa
valeur véritable diminue.

Nous croyons toutefois, en consultant nos annales,
qu'autrefois le journalier obtenait avec moins d'efforts les objets les plus indispensables à son existence [1].

CHAPITRE IV.

Débouchés des marchandises.

Qu'est-ce qu'un débouché ?

C'est une voie pour écouler des marchandises, ou
autrement une possibilité de les vendre en certaine
quantité. — Les débouchés s'accroissent en raison de :

1° La diminution du prix des marchandises, diminution qui les rend susceptibles d'être consommées
par une plus grande quantité d'individus ;

2° La multiplicité, relativement à la population,
des marchandises de toute sorte, de manière cependant que, dans chaque espèce, leur quantité corres-
ponde aux besoins et aux facultés des consommateurs, car alors chacun trouve plus facilement à
échanger l'article qu'il possède contre d'autres qui
sont plus à sa convenance ;

[1] Voyez la note 18 de la troisième édition de ce livre.

3° L'accroissement de la population. Ne sait-on pas que les importations et les exportations deviennent partout plus considérables à mesure que le monde se peuple davantage?

Qu'entendez-vous par exportations et importations?

Les importations sont les marchandises étrangères introduites dans un pays, et les exportations sont les marchandises de ce pays que l'on expédie à l'étranger.

CHAPITRE V.

Dans quelles circonstances les importations font accroître ou diminuer la richesse évaluée d'un pays.

Comment une nation solde-t-elle ses importations?

Les diverses valeurs d'un pays qui servent à solder ses importations sont: 1° les matières premières; 2° les marchandises manufacturées; 3° les métaux précieux; 4° les immeubles nationaux, soit par la vente, soit par l'hypothèque.

§ 1.

AVANTAGE QU'IL Y A A PAYER L'IMPORT PLUTOT AVEC DES MARCHANDISES MANUFACTURÉES QU'AVEC DES MATIÈRES PREMIÈRES.

Les divers modes de payement rapportés ci-dessus exercent-ils la même influence sur la richesse évaluée d'un pays qui s'ouvre à l'importation?

Tant s'en faut. La *richesse évaluée* de ce pays se développe beaucoup mieux lorsque l'on paye l'importation plutôt avec des marchandises manufacturées qu'avec des matières premières.

Pour quelles raisons ?

Celle-ci nous paraît décisive. Si l'on consulte la statistique officielle de France, et que l'on considère, dans chacune des professions qui sont exercées dans ce pays, les travailleurs en même temps comme capitalistes, patrons, employés et ouvriers, on verra, en comprenant parmi ces travailleurs les enfants, les femmes et les vieillards, que le gain annuel et moyen d'un individu, avec un capital d'envion 3,000 fr., s'élève [1], d'après les chiffres officiels :

1° Dans l'agriculture, à . . . . . . 250 fr.

Notons que les viticoles n'ont point été distraits des agriculteurs, et que, si cette disjonction avait eu lieu, le chiffre ci-dessus ne s'élèverait peut-être qu'à 200 fr., surtout s'il ne s'agissait que des producteurs de grains.

2° Dans la réunion des industries

                        textiles . . à   600 fr.

3° Dans le cartonnage.   560

4° Dans le lainage.   965

5° Dans la soierie.   1,040

6° Dans les houilles   1,300

7° Dans l'orfévrerie parisienne. .   4,300

Or, ces gains plus ou moins élevés étant le résultat du bilan que chacun fait de sa fortune après l'é-

[1] Voyez note 8.

change des diverses marchandises qu'il a produites, il s'ensuit que la production des matières premières, ou plutôt que le travail des agriculteurs est moins rémunéré en France que celui des industriels [1], surtout lorsque ces derniers confectionnent des objets de luxe. Et comme ce résultat, loin d'être spécial pour la France, s'observe dans presque tous les pays de l'Europe, on doit en conclure qu'il est plus avantageux à notre époque de solder les importations avec des marchandises manufacturées qu'avec des matières premières, et qu'ainsi une nation accroît beaucoup plus sa *richesse évaluée*, en échangeant les marchandises qu'elle importe contre celles qu'elle fabrique, qu'en opérant cet échange au moyen des matières premières qu'elle produit.

Comment vous expliquez-vous que les travailleurs d'un pays industriel, considérés à la fois comme capitalistes, propriétaires, directeurs, employés et ouvriers, trouvent moins de bénéfices dans l'agriculture que dans l'industrie, bien qu'ils soient toujours aidés du même capital?

1° L'ouvrier agricole est plus facile à trouver (voyez page 78), et reçoit par cela même un salaire moins élevé que l'ouvrier industriel.

2° La possession du sol est recherchée avec empressement par les cultivateurs et les capitalistes. Cette possession met les premiers à l'abri d'un chômage dans leurs travaux, et les autres y trouvent le plus sûr des placements.

[1] Voyez note 6.

En outre, un certain honneur s'attache à ce genre de propriété, où l'on suppose encore que la paix et le bonheur ont fixé leur séjour. — Voilà des raisons bien suffisantes pour que de toutes parts les économies aient une grande tendance à se porter à l'achat de la terre, et que le capital qu'elle représente produise un plus faible intérêt que celui qui est placé dans l'industrie.

3° Le monde entier se fait concurrence pour la production des denrées agricoles ; et comme les contrées où le sol est presque sans valeur prennent part à cette concurrence, il en résulte que les cultivateurs, dans les pays même les plus riches, sont contraints de tenir ces denrées à des prix très-modiques, ce qui restreint singulièrement leurs bénéfices.

4° Lorsque la production industrielle s'accroît, les frais généraux diminuent, et si elle double en quantité, les profits dépassent de beaucoup cette proportion. Qu'il est loin d'en être ainsi pour la production agricole ! Avec la duplication des produits, les frais généraux s'élèvent de telle sorte que les bénéfices ne s'accroissent guère que d'un quart ou d'un tiers de ce qu'ils étaient précédemment.

5° L'industriel, à tout instant et à sa volonté, accroît ou diminue ses fabrications ; il profite ainsi des bonnes occasions qui se présentent et a la possibilité de se prémunir contre bien des sinistres, tandis que le cultivateur, au contraire, pour mettre la quantité de ses produits en harmonie avec les besoins du pays, est obligé de les préjuger une année d'avance. Ensuite il ne saurait, comme l'industriel, se procurer les renseignements qui pourraient l'éclairer sur la spécialité du travail auquel il doit se livrer, car il est soumis à toutes les intempéries des saisons, dont les capricieuses éventualités, jusqu'ici, n'ont encore pu être prévues[1].

Cette substitution des articles manufacturés aux produits agricoles dans le payement des importations d'un pays n'est-elle pas très-favorable au développement de son agriculture?

Certainement. En effet, les produits de l'agriculture sont en général d'une translation très-onéreuse, eu égard à leur prix. Or, qu'arrive-t-il lorsque les exportations se font en matières premières? Il arrive qu'un hectolitre de grain, expédié de Russie dans la Grande-Bretagne, pour solder un article importé et fabriqué dans ce dernier pays, s'y vendra un haut prix, par exemple 18 francs l'hectolitre; mais que 10 francs seulement reviendront au producteur russe, en raison de ce que les frais de transport ne sauraient être évalués à moins de 8 francs.

Qu'il en serait différemment si, afin de solder les importations anglaises, on se livrait en Russie même à la confection des objets manufacturés! Les nombreux travailleurs que nécessiterait cette fabrication consommeraient sur place les céréales russes, en élève-

---

[1] On ne peut attacher trop d'importance à ces diverses considérations, car la véritable théorie de la protection et du libre-échange procède, tire son origine en grande partie de ce qu'à égalité de capital, les industriels et les agriculteurs, par les échanges qu'ils font entre eux, augmentent d'une manière inégale leur *richesse évaluée.*

raien' le prix peut-être au cours de l'Angleterre, et
feraient bénéficier l'agriculteur régnicole de cette
élévation. Bien plus, ces industriels pourraient ap-
provisionner non-seulement leur pays, mais encore
une partie de l'étranger, et la Russie s'enrichirait
des profits que donnent les fabrications, profits dont
nous avons reconnu la supériorité sur ceux de l'agriculture.

*Ne compromet-on pas l'avenir d'un pays en expor-
tant ses matières premières?*

En exportant les matières premières, on prive le
sol des détritus résultant de leur consommation, et
l'on perd le ferment créateur qui ravive constamment
sa fécondité. — Aussi, en Amérique et aux Colonies,
qui généralement expédient en Europe leurs matières premières, et reçoivent seulement en échange
des objets manufacturés, remarque-t-on que nombre
de terres deviennent de plus en plus stériles. Cependant, il ne faut pas en conclure qu'un pays ne doit
jamais exporter ses matières premières, car il en résulterait que, contrairement aux vues de la Provi-
dence, aucune nation ne serait appelée à jouir de
l'intégralité de ses dons. — Notre but est seulement
d'établir que les diverses nations ne doivent se démunir de leurs matières premières que dans une certaine proportion relative à la densité de leur popula-
lation, à la grandeur et à la fertilité de leur territoire.

Il est bien vrai que dans nombre de pays agricoles
on exporte constamment des matières premières sans
que le sol s'appauvrisse; mais on a soin de réserver

une partie des produits de la terre pour les convertir en fumiers. Néanmoins, si tous les produits étaient consommés sur place, le sol gagnerait en fécondité, et l'on verrait s'accroître et ses productions et la *richesse évaluée* publique. — Ne sait-on pas, du reste, que les campagnes voisines des villes où se consomme une grande quantité de denrées agricoles deviennent toutes, grâce aux principes régénérateurs qu'elles puisent dans ce voisinage, d'une fertilité extraordinaire?

Toutefois, un pays peu habité, dépourvu de capitaux, et où cependant se trouvent en abondance des terres très-fertiles, accroît bien plus sûrement sa *richesse évaluée* en exportant ses denrées agricoles qu'en fabriquant lui-même les objets qu'il se procure au moyen de cette exportation. — Dans un pays aussi arriéré, les tendances industrielles ne peuvent être encouragées avec profit que lorsque la population commence à avoir une certaine densité.

§ 2.

IL N'EST PAS INDIFFÉRENT POUR UN PAYS QUE SES IMPORTATIONS S'ÉCHANGENT CONTRE TELLE OU TELLE MARCHANDISE MANUFACTURÉE.

Parmi les marchandises que fabrique un pays et qu'il échange contre l'import, n'y a-t-il pas un choix à faire pour que sa richesse évaluée prenne un très-grand essor?

Assurément. Il lui importe d'écouler le plus

promptement possible les marchandises de luxe, car, exigeant le plus habituellement pour leur confection de l'habileté, de l'adresse, un certain sentiment de l'art, et en définitive des façons dont la rémunération est toujours d'un prix élevé, elles donnent dans l'échange de très-grands profits relativement au capital employé [1]. Ensuite, cette nature de marchandise est sujette à de fréquentes dépréciations. N'est-il pas vrai que le temps de vogue des soieries façonnées, des dentelles festonnées et fleuronnées, des bronzes, et des autres objets de luxe, n'est jamais que très-court, et que tous s'avilissent, en raison des caprices de la mode, avec une grande rapidité?

Nous ajouterons qu'en temps même normal, les objets d'un usage commun sont bien plus faciles à réaliser à leur prix que ceux dits de luxe. — En effet, que l'on mette aux enchères publiques ces derniers, concurremment avec des tissus communs en laine, chanvre et coton, ceux-là, en général, descendront beaucoup au-dessous du cours habituel, tandis que ceux-ci seront à peine dépréciés. — Et qu'arriverait-il, si l'on était en état de crise? On le devine sans peine, les objets de luxe deviendraient alors invendables. Tous efforts doivent donc être tentés pour faire au plus vite le placement de ces objets.

En recourant au tableau des richesses que nous avons donné au commencement de ce catéchisme, on pourrait, à chaque époque et dans chaque pays,

---

[1] L'échangiste étant considéré en même temps comme capitaliste, patron et ouvrier. Voyez page 84.

avec des connaissances pratiques, déterminer l'ordre dans lequel il y aurait le plus de bénéfices à faire servir au payement de l'import les diverses marchandises manufacturées.

§ 3.

CE QUI RÉSULTE DU PAYEMENT DE L'IMPORTATION FAIT AVEC DES MÉTAUX PRÉCIEUX.

La richesse évaluée d'un pays est-elle en souffrance parce que l'import est payé en espèces?

Généralement non; pourvu toutefois que la somme en numéraire que possédait ce pays n'ait pas été réduite brusquement d'une quantité très-forte, ainsi qu'il arrive dans certaines années de disette, où l'on est forcé de se démunir en un temps très-court de sommes considérables, pour acheter au comptant des grains à l'étranger. — Dans les circonstances ordinaires, si, par suite du payement de l'import, les métaux précieux qui restent dans un pays ne sont plus en harmonie avec ses besoins, une exportation plus forte de ses produits annuels, ou bien une hausse dans l'intérêt des capitaux, aura bientôt fait revenir la quantité de numéraire essentielle aux échanges. Les métaux précieux ont des qualités qui leur sont propres, mais il faut se garder de croire qu'on doit les préférer à toutes autres marchandises. — Du reste, avec le progrès du crédit et l'institution des valeurs fiduciaires, le numéraire devient chaque jour moins indispensable. Ainsi, un milliard en espèces suffit maintenant à l'Angleterre pour opérer ses innombrables transactions.

On ne peut même prétendre que, par suite de l'émigration des métaux précieux, les marchandises d'un pays seront affectées de telle sorte dans leur prix que sa *richesse évaluée* ne manquera pas de diminuer : car nous avons vu, page 75, que le prix des marchandises chez une nation n'est influencé que faiblement par la rareté ou l'abondance des métaux précieux qui s'y trouvent, attendu qu'en tenant compte des frais de transport et de commission, une marchandise se paye à peu près le même prix partout. — Il n'y aura donc pour ce motif qu'une variation peu sensible dans le prix des marchandises, et conséquemment dans la *richesse évaluée* publique.

Ensuite, quant à l'action directe de la présence d'une plus ou moins grande somme en numéraire pour constituer le capital d'un pays, nous allons encore montrer que c'est à peine s'il faut s'en occuper.

Considérons la France, par exemple. Cette nation possède des capitaux engagés et circulants pour une somme d'environ 160 milliards. Quelle est la part du numéraire dans cet énorme actif? — Environ 4 milliards. — Or, retranchez 1 milliard en espèces de ces 160 milliards, surtout si on le remplace par des marchandises ayant même valeur, est-ce que l'effet de cette soustraction est appréciable? — Nous ajouterons que, si l'on accroît les capitaux d'une nation de 1 milliard en espèces, inutile à ses besoins de circulation, on lui fait perdre une rente de 50 millions qu'elle pourrait obtenir en plaçant ce milliard à 5

p. 100 à l'étranger. — Ce ne sont donc pas des masses de métaux précieux qu'une nation civilisée doit convoiter pour constituer chez elle une grande *richesse évaluée*, mais bien, comme nous l'avons déjà vu, de fortes valeurs en capitaux engagés, puis encore un assortiment harmonieux des capitaux de toutes autres natures.

Nous ferons toutefois observer que, parmi les capitaux circulants, le numéraire étant celui qui tout à la fois est *le plus persistant dans sa valeur et le plus susceptible d'un emploi immédiat, soit dans l'intérieur d'un pays, soit à l'extérieur*, on ne saurait disconvenir qu'en général, lorsque l'on ne trouve pas un grand bénéfice à échanger l'importation contre des espèces, il est préférable de remplacer ces dernières par des marchandises manufacturées. Pourquoi payer les importations avec du numéraire, quand pour le faire rentrer il faudra supporter les frais d'un double transport et solder une prime à l'étranger? — Dans les transactions internationales on pourrait peut-être assimiler l'or et l'argent aux *matières premières*.

Du reste, il est certaines circonstances dont il faut tenir compte. Le numéraire est-il en trop grande abondance pour servir à la circulation, comme en Californie, il est convenable de l'exporter. — Suffit-il à peine aux transactions, il doit en être différemment.

On croyait autrefois que les espèces formaient la première des richesses, peut-être même la seule; mais, grâce aux travaux des économistes, on doit être aujourd'hui singulièrement désabusé de cette opinion.

§ 4.

DU PAYEMENT DE L'IMPORT AU MOYEN D'IMMEUBLES OU D'HYPOTHÈQUES.

Doit-on s'opposer à ce que les importations soient payées avec le produit des ventes d'immeubles ou avec des hypothèques ?

Evidemment, ce mode habituel d'échange serait désastreux. Si les immeubles d'une nation venaient en masse à cesser de lui appartenir, que serait-elle alors ? Une véritable nation tributaire. Qu'un peuple se garde donc de consommations exagérées qui pour- raient le conduire à une telle situation.

Cette question sera traitée, du reste, avec plus de détails, lorsqu'il s'agira de l'absentéisme.

§ 5.

CE QUI RÉSULTE DE LA PLUS-VALUE DE L'IMPORTATION SUR L'EXPORTATION.

N'est-il pas malheureux pour un pays que la va- leur de ses importations excède celle de ses exporta- tions ?

Si cet excédant est faible, c'est un résultat tout naturel dont il ne faut pas s'inquiéter. L'importation ne doit-elle pas payer non-seulement l'exportation, mais encore et les frais de transport sous pavillon national et les soins donnés aux transactions? Mais il serait fâcheux que cet excédant fût considérable et provînt de ce que les habitants d'une contrée, dans leurs dépenses, consommeraient plus qu'ils ne produiraient, et conséquemment entameraient leurs capitaux. Il est toutefois nombre de circonstances dans lesquelles un excédant des importations sur les exportations est bien loin de faire décroître la *richesse évaluée* d'un pays. Voici quelques-unes de ces circonstances :

1° Lorsque cette plus-value est occasionnée par les remises en nature que l'on envoie de l'extérieur aux étrangers riches ou aisés qui habitent ce pays; 2° lorsqu'un pays possédant des colonies, cette plus-value provient des revenus qu'elles servent aux métropolitains, revenus que l'on importe sous forme de denrées coloniales; 3° lorsque cette plus-value sert à payer les bénéfices que l'on a faits avec les exportations. Ainsi, par exemple, supposons que des marchandises valant 10 millions en France aient été vendues 20 millions aux États-Unis : une plus-value de 10 millions de francs dans l'importation sera le solde de cette opération.

§ 6.

MARCHANDISES DONT L'IMPORTATION EST LA PLUS AVANTAGEUSE A LA RICHESSE ÉVALUÉE D'UN PAYS.

Quelles sont les marchandises dont l'importation contribue le plus à accroître la richesse évaluée d'un pays?

Les besoins du jour font souvent varier leur nature ; mais si, dans un classement, on veut tenir
compte de la plus ou moins grande influence habi-
tuelle des marchandises importées sur l'accroissement
de la *richesse évaluée* d'un pays, on peut les disposer,
en commençant par les plus importantes, dans l'ordre
suivant : 1° les matières premières qui servent à l'a-
limentation de tous, ou celles qui peuvent donner
du travail à un très-grand nombre de manufactures ;
2° les articles de fabrique qui aident à la production, comme les machines, les acides qui servent aux
manutentions, etc. ; 3° les objets manufacturés d'un
usage commun ; 4° les objets de toutes sortes qui ne
servent qu'à flatter notre vanité ou notre sensualité.

Il faut donc se garder de croire qu'après un
échange d'objets de même valeur, chacune des deux
parties contractantes a obtenu un égal profit, et c'est
en cela que consiste tout particulièrement l'erreur
des libre-échangistes absolus.

CHAPITRE VI.

Action des exportations sur la richesse évaluée d'un pays.

*Comment les exportations d'un pays sont-elles
payées ?*

1° Avec des importations, soit en matières premières, soit en marchandises manufacturées ; 2° avec
des immeubles appartenant à des étrangers, ou bien
avec des hypothèques consenties par eux.

Ces divers modes de payement sont-ils indifférents ?

Nous avons déjà vu que le payement des exportations d'un pays au moyen d'importations en matières premières était très-favorable à l'accroissement de sa *richesse évaluée*, et qu'il était loin d'en être de même lorsque ce payement était effectué en marchandises manufacturées ; nous n'y reviendrons donc pas. Seulement, nous dirons que lorsque l'export est acquitté, soit avec des espèces, soit avec des immeubles, soit avec des hypothèques, en général les pays exportateurs ne peuvent que s'en féliciter.

CHAPITRE VII.

Dans quelles circonstances l'accroissement de l'exportation est favorable à la richesse évaluée d'un pays.

Un accroissement d'exportation est-il un signe constant de prospérité dans un État?

L'accroissement des exportations est à juste titre considéré la plupart du temps comme devant faire bien augurer de la prospérité d'un État, parce que, annonçant le placement de nouvelles marchandises, il semble indiquer une recrudescence dans le travail national. Cependant, pour acquérir la certitude de cette prospérité, il importe encore de savoir en quelles sortes de marchandises il est effectué et comment il est soldé.

6

I

L'accroissement de l'export a-t-il lieu en marchandises manufacturées, c'est un très-heureux diagnostic, surtout lorsque le payement en est fait avec des matières premières. Nous en avons donné les raisons précédemment (pages 83 et suivantes).

Rappelons-nous qu'en Europe les peuples exportateurs de marchandises manufacturées ont vu doubler, tripler leurs richesses, tandis que ceux qui n'ont exporté que des matières premières sont restés complétement stationnaires. J. B. Say lui-même a constaté que la Pologne, en commerçant avec la Hollande, demeurait toujours pauvre, tandis que cette dernière s'enrichissait chaque jour[1].

II

L'accroissement d'exportation se fait-il avec des matières premières[2], les conséquences en sont défavorables à la *richesse évaluée* nationale, à moins qu'on ne se trouve dans les circonstances suivantes :

1° Habite-t-on un pays où les terres sont immenses par rapport à la population, et où l'on ne peut se

[1] P. 111, 6e édition de son *Traité d'Économie politique*.

[2] Ici nous ne tenons pas compte de l'industrie de la navigation ; car, si l'on exporte, avec ses navires, à de grandes distances, les matières premières que l'on produit, c'est souvent une façon très-lucrative que l'on donne à ces matières, façon qui peut les faire assimiler aux marchandises manufacturées.

livrer presque qu'à l'agriculture, l'accroissement d'exportations en matières premières annonce nécessairement une plus grande intensité dans le travail et
doit être interprété favorablement.

2° Dans un pays peuplé et industriel, il est telles
matières premières dont il ne faut pas redouter l'exportation : ce sont celles qui, ne servant pas à la
nourriture, ne donnent lieu qu'à des industries peu
lucratives : la résine, certains bois, etc., cette exportation accroissant notablement les capitaux d'un pays
en donnant une grande valeur à ses immeubles. Il en
est encore ainsi de certaines matières premières qui
se vendent fort cher, étant rares et avidement recher-
chées parce qu'elles flattent les goûts sensuels des
gens riches. Nous citerons les nids d'hirondelles de la
Chine, les truffes, etc., qu'en raison de leur prix un
pays peut assurément échanger sans perte contre des
produits manufacturés.

3° Si l'accroissement des matières premières ex-
portées est soldé avec d'autres matières premières, en
général la *richesse évaluée* n'a pas à en souffrir.

Toutefois, pour être, dans chacune de ces circonstances, parfaitement certain du progrès de la prospérité publique, nous ne connaissons qu'un *critérium*
auquel on puisse s'en rapporter : c'est le chiffre de la
richesse évaluée d'un pays, calculé d'après la formule
que nous avons donnée, formule dont on ne peut in-
firmer les décisions.

III

Si l'accroissement d'exportation avait lieu par suite d'une crise quelconque qui avilirait le prix des marchandises et en rendrait le placement au dehors plus facile, cet accroissement serait encore heureux pour le pays où ces marchandises auraient été fabriquées ; mais il annoncerait que la richesse publique y a subi une forte dépréciation.

IV

L'accroissement dans l'exportation d'un pays est toujours favorable à sa *richesse évaluée*, lorsqu'il résulte de perfectionnements qui diminuent le prix des marchandises qu'on y fabrique.

CHAPITRE VIII.

De l'action des importations et des exportations sur la richesse d'usage.

Dites-nous quel est l'effet de l'accroissement des exportations et des importations d'un pays sur sa richesse d'usage.

Dans tous pays, l'accroissement de l'export ou de l'import est en général favorable à la *richesse d'usage*, par cette raison que toute augmentation dans les échanges nationaux et internationaux se fait habituellement pour accroître le bien-être de tous. Cependant, si un surcroît d'import résulte de ce qu'un peuple consomme plus qu'il ne produit, par cela même sa *richesse d'usage* entre dans une phase de déclin. L'accroissement des importations dans une contrée ne peut donc être favorable à sa *richesse d'usage* qu'autant qu'il est en harmonie avec le développement de sa force productrice.

CHAPITRE IX.

De la fausseté des indications de la balance du commerce.

Qu'est-ce que la balance du commerce?

La balance du commerce est le rapport entre la valeur des produits exportés et celle des produits importés. Les exportations valent-elles plus que les importations, suivant certains publicistes, la balance est favorable, comme elle est défavorable dans le cas contraire. Et pourquoi? Parce que, d'après eux, le numéraire, chez une nation où la balance est favorable, s'y augmente nécessairement de la différence entre l'export et l'import.

Quelle est votre opinion sur la balance du commerce?

Le plus souvent les conclusions que prétendent en déduire ses partisans n'ont aucune valeur.

N'avons-nous pas vu que la richesse publique dépend d'une manière toute spéciale des capitaux engagés, capitaux toujours immenses relativement à ceux que représente le numéraire, et qu'il s'agit moins d'importer une forte somme en espèces, dont la possession sans emploi est toujours onéreuse, que des marchandises de toutes autres sortes, dont l'emploi ou la vente pourra offrir de grands bénéfices? — Ensuite, est-ce que c'est l'excédant de l'exportation sur l'importation qui fait prospérer un pays? Mais un pays peut s'enrichir, comme nous l'avons fait voir, avec un excédant continuel de l'importation sur l'exportation.

A l'époque où l'on inventa cette défectueuse balance, on ne se rendait pas un compte exact de ce qu'on doit appeler la richesse d'une nation, et dès lors il n'est pas étonnant que, pour apprécier les éléments de cette richesse, des données inexactes aient conduit à imaginer une sorte d'instrument dont les indications devaient être, la plupart du temps, erronées.

Montrez-nous, par un ... 'e, combien est illu- soire l'application de la bal ... 'u commerce lors- qu'il s'agit d'apprécier le m... ...lent de la richesse d'un État.

Un négociant de Bordeaux envoie aux États-Unis 100,000 fr. de vins, lesquels, en raison des frais de transport, valent, en arrivant, 120,000 fr. Il achète pour cette somme du coton, qui, de retour en France, y est évalué 140,000 fr. — D'après la balance du commerce, la France aurait perdu 40,000 fr.; et cependant, si les transports ont été effectués par les bâtiments nationaux, cette plus-value de 40,000 fr. est due au travail français. Il y a là, comme on le voit, une contradiction flagrante qui dénote la fausseté de cette balance pour nous faire apprécier la perte ou le gain d'une nation. Le seul moyen exact que nous connaissions pour y arriver est la formule que nous avons donnée page 34. — Toutefois, on peut préjuger, jusqu'à un certain point, les mouvements de la richesse publique, en discutant le chiffre de l'importation et de l'exportation d'après les méthodes que nous avons exposées dans le chapitre précédent.

CHAPITRE X.

Du libre-échange.

Qu'est-ce que la liberté des échanges?

C'est la faculté pour chacun d'échanger ses marchandises librement, c'est-à-dire sans être soumis à aucuns droits, aux limites séparatives des divers territoires. Néanmoins il peut arriver que certaines taxes frappent des produits d'une nature spéciale à l'entrée et à la sortie d'une contrée, sans pour cela que la liberté de l'échange soit violée : c'est quand elles ont pour unique but la création d'un impôt.

Au point de vue de la richesse d'usage, quelle est votre opinion sur le libre-échange?

Les efforts qu'exige la production de toutes les marchandises se réduisant, en raison du libre-échange, au strict nécessaire, puisque chaque pays peut alors fournir au monde entier ce qu'il produit le plus facilement, on doit en conclure qu'au point de vue de la *richesse d'usage* des peuples, il est désirable que ce système soit adopté généralement [1].

Pensez-vous que l'accroissement de la richesse *d'usage soit un motif suffisant pour faire accepter partout le libre-échange?*

Non. Il faudrait encore que le libre-échange fît accroître en même temps la *richesse évaluée* de chaque pays. Le monde n'est-il pas divisé en peuples rivaux, qui incessamment s'observent, souvent se combattent, et toujours profitent de leurs avantages pour en obtenir de plus grands encore? Dès lors il est moins essentiel de développer la *richesse d'usage* des peuples, qui, comme nous l'avons vu, n'est pas susceptible de varier d'une manière bien sensible de l'un à l'autre [2], que leur *richesse évaluée*, d'où dépendent en grande partie leur progrès dans la civilisation, leur force et leur indépendance. — Sans doute, si la justice régnait sur toute la terre, si les hommes, dans leurs rapports internationaux, pouvaient être assimilés aux membres d'une famille bien unie, dans laquelle chacun travaille autant pour ses proches que pour lui-même, rien ne serait plus heureux que l'avénement du libre-échange. — Alors, en effet, grâce à cette confraternité des peuples, il serait indifférent, relativement à leur puissance respective, qu'une contrée fût supérieure en *richessse évaluée* à une autre. Mais à notre époque de telles suppositions

---

[1] Ce que nous disons du libre-échange relativement à la *richesse d'usage* des peuples n'est pas exact d'une manière absolue. Voyez, pour les exceptions, la note 7.

[2] Voyez page 27.

ne sont que folles rêveries et pures chimères [1].

Vous pensez donc que le libre-échange, qui accroît la richesse d'usage *de toutes les nations, n'accroît pas en même temps la* richesse évaluée *de chacune ?*

Assurément. N'avons-nous pas vu que le bas prix des marchandises fabriquées procède de cinq causes principales [2]? Si donc ces causes peuvent être réunies chez un même peuple, et l'Angleterre en offre un exemple irrécusable, sous le régime du libre-échange la supériorité en fait de production et de *richesse évaluée* appartiendrait à ce peuple, qui par suite acquerrait une énorme prépondérance, et deviendrait le souverain maître du monde [3].

Pour qu'une parfaite équité présidât à la répartition de la *richesse évaluée*, avec le libre commerce, il faudrait que partout, à égalité de capital, les profits du producteur considéré en même temps comme propriétaire, patron et ouvrier, fussent égaux, et nous avons vu qu'au contraire ces profits, d'une con-

---

[1] Lord Palmerston, répondant un jour à une députation de la société des *Amis de la paix*, s'exprimait ainsi : « L'idée d'une paix générale et perpétuelle est tout simplement une chimère, chimère d'honnêtes gens sans doute, d'amis sincères de l'humanité, mais enfin une chimère. Tant que les sociétés humaines dureront, et malgré tous les progrès possibles de l'esprit philosophique ou religieux, il y aura, toujours et inévitablement, des sujets de conflits entre les gouvernements, parce que les hommes ne seront jamais des anges, et qu'il faudra toujours compter avec leurs passions. »

[2] Voyez page 75.

[3] Voyez note 53.

trée à l'autre et dans chaque industrie, présentent la plus grande divergence.

Mais alors, que pensez-vous du libre-échange érigé partout en système ?

La liberté des échanges donne une telle énergie au travail, elle favorise si puissamment la production, que nous n'hésitons pas à la réclamer toutes les fois qu'elle est dans le domaine du possible[1]. Nous la réclamons donc pour tous les citoyens d'une même nation, relativement aux ventes et achats qu'ils font entre eux[2]. Sans doute, cette parfaite justice, si désirable dans la distribution de la *richesse évaluée*, recevra nombre d'atteintes : car ceux qui, à leurs risques et périls, voudront se livrer aux industries les moins lucratives, ou bien encore ceux qui fatalement ne pourront s'en dispenser, seront certes lésés, mais la nation n'en éprouvera aucun préjudice. — En effet, dans chaque transaction, ce que perd l'un, l'autre le gagne, et conséquemment la richesse publique ne diminuera ni d'une manière absolue, ni d'une manière relative.

Mais, quant à la liberté du commerce entre nations, il en est tout autrement : ce que perd l'un des échan-

---

[1] La liberté, comme on l'a dit avec juste raison, est susceptible d'un double essor : l'un harmonique, et l'autre subversif.

[2] Jacques Ier, dans la vingt et unième année de son règne, en établissant le libre commerce dans l'intérieur de l'Angleterre, a fait accroître prodigieusement la richesse de ce pays. Il en a été de même des mesures analogues, mais non aussi complètes, prises par Colbert sous le règne de Louis XIV.

gistes, c'est sa nation qui en est dépossédée. Le libre-échange peut donc devenir non le triomphe de l'équité, non le triomphe de l'égalisation dans les conditions du travail, mais celui d'une force primordiale, oppressive.

De par le libre-échange, un peuple en possession d'une forte somme de richesses matérielles et intellectuelles, par suite de cette possession, empêchera les autres peuples, qui se trouveront ainsi sous l'empire d'une coercition patente ou déguisée, de rivaliser avec lui. Tous les échanges s'effectueront donc à son grand bénéfice, et chaque jour sa *richesse évaluée* s'accroîtra, tandis que celle des autres déclinera, au moins relativement. Ce n'est pas tout. Indépendamment de la prééminence que donnerait à un pays une très-grande *richesse évaluée*, on sait encore que ses habitants, individuellement, pourraient retirer de cette espèce de richesse des avantages très-notables. (Voyez page 31.)

Est-il quelques moyens de parer à ces désastreux effets du libre-échange ?

Nous avons le régime protecteur [1], qui consiste : 1° à frapper de taxes modérées les marchandises d'importation, afin de réserver, dans une certaine mesure, le marché intérieur d'un pays aux produits de son industrie ; 2° à ouvrir à ces mêmes produits

---

[1] Il existe dans le monde deux puissances qui le gouvernent : l'une éternelle comme lui, *la valeur*; l'autre imposée ou de convention, et parfois peu durable, que l'on nomme la *puissance légale*. Nous voulons donner aux peuples, au moyen de la protection, la première de ces puissances.

des débouchés à l'étranger, au moyen de primes à la sortie.

Dès lors on ne pourra plus dire que votre système économique repose sur la liberté des transactions?

La liberté des transactions y est, en effet, soumise à des restrictions ; mais l'indépendance de l'homme, chez les peuples reconnus comme les plus libres de l'Europe, n'a été complète à aucune époque, et ne pourra jamais l'être. N'ont-ils pas toujours eu un code qui a mesuré la liberté aux forts, et mis le faible à l'abri de l'oppression? — Eh bien, en économie politique, le système dit protecteur est le code du libre commerce, et à ce titre il intervient pour protéger la faiblesse industrielle de certains peuples.

Ensuite, les libre-échangistes les plus absolus ne sont-ils pas eux-mêmes obligés de composer avec leurs principes? Combien peu parmi eux conseilleraient de détruire en France 1° les règlements préventifs qui concernent certains débits : la pharmacie par exemple ; 2° le droit que s'attribue le gouvernement de présider à la fabrication des monnaies et de faire le service des postes ; 3° la législation qui monopolise les fonctions publiques en faveur des indigènes, etc. ?

La protection, sans contredit, fera cesser les échanges désastreux, dont il a été parlé ; mais, en élevant le prix des marchandises, elle pèsera sur les consommateurs. Est-il bien vrai que, malgré cet inconvénient, elle accroîtra la richesse évaluée nationale?

Oui, sans doute, et nous allons le démontrer. Toutefois, comme cette proposition est des plus essen-

tielles à établir, car les libre-échangistes prétendent
que le bénéfice fait par les producteurs protégés est
plus que compensé par la perte que font les consommateurs en payant les produits plus cher, nous prions
que l'on nous pardonne les chiffres et les calculs sur
lesquels nous allons nous appuyer. — Pour plus de
clarté et d'exactitude, nous raisonnerons sur une de
nos industries, celle du lainage par exemple, et les
nombres dont nous nous servirons seront extraits
de la statistique générale et officielle de la France.
— Que l'on fasse bien attention que cette démonstration ne repose pas sur la parfaite exactitude de tel
ou tel chiffre, mais sur ce principe indiscutable, qu'en
considérant le travailleur comme capitaliste, directeur et ouvrier, s'il gagne moyennement par an 250 fr.
dans l'agriculture avec un capital de 3,000 fr., il ga-
gnera dans le lainage ou dans d'autres industries,
avec le même capital, une somme bien plus importante.

Cela posé, le lainage occupe 144,000 ouvriers, patrons et autres ; il emploie pour 335 millions de francs
en matières premières, et produit pour 473 millions
de francs de marchandises. Les bénéfices et salaires
s'élèvent à 138 millions. Si cette fabrication, pour
prospérer en France, nécessite un tarif protecteur de
15 p. cent, les 15/100 de 473 millions, valeur de la
production totale, étant de 70,950,000 fr., incontestablement on frappera les consommateurs de lainage
d'une taxe énorme se montant à cette dernière
somme, taxe dont ils seraient débarrassés s'il n'y avait
pas de protection.

7

Voilà certes un sacrifice très-pénible que l'on exigera d'eux ; mais, en définitive, il n'y aura rien de perdu, ni rien de très-alarmant pour notre pays, par suite de cette taxe, attendu que ces 70,950,000 francs passeront seulement des mains des consommateurs à celles de nos producteurs.

Des impôts bien plus accablants ne frappent-ils pas d'autres classes d'administrés, dans le but de répartir la richesse d'une manière plus favorable à la production?

Mais où sont les profits que la France retire de cette protection de 15 p. 100?

Ces profits, elle les trouve dans une somme de 67,500,000 fr., qui est la différence entre les 138 millions, coût du travail de la laine, et les 70,950,000 francs, qui n'ont fait que se répartir autrement.

Car, en partageant ces 67,500,000 fr. entre les 144,000 travailleurs, chacun d'eux reçoit moyennement une allocation annuelle de 465 fr. somme qui dépasse de 215 francs les 250 fr. que reçoit annuellement l'agriculteur en se servant du même capital [1] (les travailleurs étant considérés en même temps comme capitalistes, patrons et ouvriers). (Voyez page 80.)

D'où il résulte que, la journée du laineur étant plus payée que celle de l'agriculteur, à égalité de capital employé et déduction faite des charges suppor-

---

[1] Le capital employé en moyenne par chaque laineur est même moins considérable que celui de trois mille francs dont se sert l'agriculteur.

tées par les consommateurs, la *richesse évaluée* de la France s'accroîtra en raison de cette protection, qui permet à ses travailleurs de s'occuper de lainage plutôt que d'agriculture.

Du reste, croit-on que, si ces 144,000 industriels n'avaient pu s'employer au lainage, ils se seraient classés tout naturellement parmi les agriculteurs? — Sans nul doute, s'il s'agissait d'un pays vierge où commenceraient à s'établir des hommes laborieux et éclairés; mais dans un pays civilisé depuis des siècles, et contenant une nombreuse population, il en est tout différemment. Alors les cultivateurs ne s'accroissent en nombre qu'autant que de nouveaux débouchés viennent à s'ouvrir, ce qui fait augmenter la quantité de travail suffisamment rémunéré qu'ils exécutent habituellement. Aussi est-il certain qu'en France ils se seraient gardés d'admettre ou de maintenir en surplus dans leurs rangs ces 144,000 individus qui se sont livrés à l'industrie du lainage.

La protection a donc fait accroître les capitaux français, non-seulement en raison de ce qu'elle a donné un ouvrage lucratif à ses travailleurs, mais encore parce qu'elle leur a donné une occupation qu'ils n'auraient pas trouvée dans l'agriculture. — Nous savons, au surplus, que les bénéfices élevés obtenus par les laineurs se traduisent en consommations qui accroissent la production de l'agriculture, et en conséquence le capital de la terre.

Dans le but d'accroître la *richesse évaluée* d'un pays, on peut donc accorder une protection con-

stante, normale, à des industries qui, sans cette protection, ne sauraient y exister [1].

Mais lorsque les bénéfices qu'on en retire sont minimes, et qu'il n'est pas supposable de les voir grandir, il convient de faire le sacrifice de ces industries,
afin de s'ouvrir à l'étranger des débouchés pour des
fabrications plus lucratives.

CHAPITRE XI.

Des limites que la protection des industries de doit pas franchir.

*N'y a-t-il pas pour les droits protecteurs d'un pays
une limite telle que, si elle était franchie, la richesse
évaluée de ce pays diminuei ait ?*

Les diverses industries d'un pays, lorsqu'elles ne
sont pas naturellement viables, ne peuvent y être
protégées que jusqu'à une certaine limite. Au delà de
cette limite, il y aurait du profit à recevoir les marchandises étrangères.

Afin de le démontrer, nous rechercherons d'abord
quel est le salaire annuel indispensable à un ouvrier
pour qu'il ne soit pas à charge à ses concitoyens. —
Or, si nous choisissons notre exemple en France, une
famille composée de cinq personnes peut encore, dans
maintes localités, pourvoir à ses besoins les plus essentiels avec une recette annuelle de 500 fr. par an.
— Nous admettrons donc que la somme de 100 fr. es¹

1 Voyez note 8.

le minimum de ce que doit gagner moyennement un individu quelconque, attendu qu'au-dessous de cette somme, il est réduit à l'indigence, et qu'ainsi il est à charge à la société.

Cela posé, en revenant au lainage, nous allons voir que ce chiffre de 100 fr. correspond à une protection d'environ 26 p. 100. — En effet, défalquons les 124 millions dont les consommateurs sont grevés par le fait d'une protection ainsi tarifée des 138 millions de bénéfices et salaires obtenus dans cette fabrication : il restera une somme de 14,400,000 fr., dont la cent-quarante-quatre-millième partie est bien 100 fr.

Le taux de 26 p. 100 est donc le maximum de la protection utile du lainage, car en élevant ce taux on s'assurerait, par le chiffre correspondant de la rémunération du travailleur, que cette protection serait dommageable pour le pays.

On voit ainsi comment le profit qu'une contrée retire des tarifs protecteurs non-seulement diminue au fur et à mesure qu'il est nécessaire de les hausser, mais encore se change en perte lorsque ces tarifs atteignent un certain degré d'élévation. — C'est pour cette raison qu'il serait absurde, dans le nord de l'Europe, de vouloir protéger la culture en serres chaudes du poivre et des épices. Mais de ce que cela serait absurde il ne faut pas conclure, comme les libre-échangistes absolus, qu'aucune manufacture ne puisse être protégée utilement.

Lorsqu'on veut introduire une industrie dans un pays, est-il quelquefois d'une bonne administration

*d'élever momentanément les droits protecteurs, bien
que la richesse évaluée publique puisse en recevoir
une rude atteinte ?*

Nous le pensons ; mais alors il faut se résoudre à
une perte immédiate, dans la prévision que plus tard
on pourra se récupérer largement en abaissant les
droits de douane à un degré utile.

*Ainsi, il vous paraît donc bien établi qu'une in-
dustrie peut être utile à un pays bien qu'elle ne puisse
pas soutenir la concurrence étrangère ?*

Sans doute, et lorsque les protectionnistes deman-
dent, en suppliant, des droits seulement temporaires,
pensant sans doute que toutes les industries qui exigent une protection sont à charge au pays, ils méconnaissent la véritable théorie de la protection.

*Ces théories ne conduisent-elles pas à anéantir
presque le commerce international ?*

Aucunement. Au lieu de se livrer indistinctement
à toutes les industries qui peuvent lui rapporter un
bénéfice, une nation devra faire le sacrifice des
moins avantageuses, et obtenir, en abaissant certaines barrières aux confins de son territoire, que,
par réciprocité, d'autres barrières à l'étranger s'a-
baissent aussi devant elle.

CHAP E XII.

Le commerce des grains et de quelques denrées essentielles doit s'effectuer partout librement.

En tous pays, n'est-il pas des produits qui ne doivent jamais être protégés?

Les grains, base essentielle de la nourriture de l'homme, généralement doivent être affranchis de tous droits. D'abord l'humanité le veut ainsi. N'est-il pas convenable que, tout en cherchant à accroître le plus possible la *richesse évaluée* d'un pays, on conserve à ses habitants la *richesse d'usage* la plus indispensable, c'est-à-dire l'usage au meilleur marché possible des articles essentiels à l'existence?

Ensuite, la *richesse évaluée* due aux fabrications tend à s'accroître à mesure que le prix du grain s'abaisse, parce que, les salaires industriels diminuant sans que l'aisance de l'ouvrier en souffre, on peut alors avec plus de succès soutenir la lutte contre les fabrications étrangères, non-seulement chez soi, mais encore en tous pays.

Ne craignez-vous pas que les producteurs de grains, n'étant pas protégés, ne soient à la merci des agriculteurs étrangers, et qu'ainsi la richesse évaluée nationale ne soit cruellement atteinte?   .

En aucune sorte. Si l'étranger cherche à faire concurrence aux agriculteurs d'un pays industriel en expédiant des grains dans ce même pays, le prix de vente de ces grains comprendra non-seulement le

coût de la production, mais encore les frais de
transport, les frais de chargement et de décharge-
ment, les primes d'assurance, etc., qui se montent
à une somme considérable. L'agriculture indigène
sera donc protégée tout naturellement par ces frais
de diverses natures qu'elle ne supporte pas. De plus,
l'industrie prospérant par suite de ce régime, qui
permet d'avoir le grain au plus bas prix possible, il en
résultera pour l'agriculture les avantages suivants :

1° Les bénéfices que feront les industriels, bénéfices très-élevés, comme nous le savons, ne manqueront pas de se traduire en dépenses, qui feront surgir une population nouvelle dont l'alimentation tendra
à rendre les travaux du sol de plus en plus rémuné-
rateurs. Conséquemment, les terres, pour suffire aux
nouveaux besoins, passeront de la culture extensive
à la culture intensive, en prenant des valeurs de
plus en plus considérables.

2° Les capitaux acquis par une industrie prospère,
ne sortant du pays qu'autant qu'ils trouveront à l'é-
tranger d'énormes bénéfices, se placeront habituellement dans l'agriculture indigène, et l'avantageront
encore.

On voit ainsi que l'agriculture est la sœur jumelle,
la compagne bien-aimée de l'industrie, et qu'on ne
peut accorder des faveurs à cette dernière sans qu'elle
les fasse partager à son inséparable amie.

Quant à ce qui concerne la viande, la laine, la ga-
rance, la soie, le charbon de terre, etc., c'est-à-dire
toutes les autres matières premières, il est difficile
de se prononcer de prime abord. Généralement, les

peuples *bénéficient de la libre importation des matières premières;* mais, relativement à chacune d'elles,
il y a nombre de considérations à faire valoir qui
exigent qu'en prenant une détermination, on consulte la formule de la *richesse évaluée* que nous avons
donnée page 34.

*N'y a-t-il pas des marchandises qui, bien que pro-
duits manufacturés, doivent en général entrer en
franchise, comme certaines matières premières?*

Sans doute. Ce sont les produits manufacturés qui
servent d'outils, comme les machines, certains acides, etc. Toutefois, il est telles circonstances où un
pays doit faire des sacrifices momentanés pour protéger la fabrication indigène de ces produits, afin
d'arriver plus tard à se récupérer largement, en se
passant de l'étranger à leur égard.

*Lorsque l'on met à l'importation sur les produits
de fabrique des droits plus élevés que sur les matières
premières, peut-on dire que l'on a seulement pour but
de donner la vie à bon marché à la classe ouvrière?*

Cette mesure incontestablement est utile à la classe
pauvre, mais aussi elle est éminemment favorable à
l'accroissement de la *richesse évaluée* d'une nation :
car, les salaires et la valeur des matières qui entrent
dans les fabrications se réduisant, le prix de revient
de toutes les productions indigènes ne manque pas de
diminuer, d'où il résulte qu'on acquiert de grandes
facilités pour les écouler sur tous les marchés et pour
accroître le capital national. — Mais ce qui semble
indiquer qu'une pareille mesure est prise en général
plutôt en vue de protéger les manufactures que pour

soulager l'humanité, c'est que jamais aucune faveur à l'importation n'est accordée aux toiles communes et aux draps grossiers, qui, surtout dans le Nord, sont presque aussi essentiels au peuple que la nourriture. Et pourquoi? Parce qu'ils font partie des produits dont la fabrication est reconnue instinctivement partout comme étant extrêmement utile au développement de la *richesse évaluée*.

CHAPITRE XIII.

Si l'on doit imposer les matières premières à la sortie d'un État.

Vos raisonnements conduisent, il nous semble, à frapper de droits de douane toutes les matières premières, pour les empêcher de sortir du pays qui les produit.

Nous sommes très-éloigné de vouloir conseiller une mesure pareille. Que résulterait-il d'un droit à la sortie sur les matières premières? C'est qu'en général elles s'aviliraient tellement que l'on mettrait obstacle à leur production, et qu'ainsi l'on diminuerait les capitaux indigènes. Cependant, dans un cas de famine, ou à titre d'encouragement exceptionnel pour une industrie susceptible de devenir très-lucrative, cette mesure spécialisée pourrait avoir parfois de bons résultats. — On a même vu dernièrement quelques bons esprits demander que l'exportation des chiffons fût soumise à une taxe, mais à la vérité cette matière première est d'une espèce très-anormale.

Du reste, nous ne voulons et ne pouvons nous prononcer d'une manière absolue contre le droit à la sortie dans cette circonstance, parce que, dans notre système économique, nous en appelons toujours à l'expression de la *richesse évaluée*. — C'est cette expression qui, après avoir reçu dans ses quatre termes les divers nombres statistiques qu'ils comporten doit toujours faire prononcer en dernier ressort.

CHAPITRE XIV.

De la protection de la marine nationale, et de la protection au point de vue de l'équité.

Pensez-vous qu'il soit convenable de protéger la marine marchande d'un pays?

La marine marchande, à raison des bénéfices exceptionnels qu'elle donne, et à titre de force nationale (car sans marine marchande il n'y a pas de marine militaire), a autant de droits à une protection sérieuse que toute autre industrie.

Certes, les taxes spéciales frappées, en vue d'une protection utile, sur les matières premières qu'apportent les navires étrangers, et sur les marchandises de toutes sortes qu'ils emportent, nuisent essentiellement à la production indigène.

Mais, dans toutes les mesures économiques que l'on adopte, il s'agit toujours de savoir si l'on perd moins que l'on ne gagne. — Or voyons d'abord l'importation, et supposons que les surtaxes n'atteignen ni les grains ni les matières premières les plus essentielles, mais bien certaines marchandises, comme le sucre, les vins, le café, les épices, les peaux ouvrées, etc. — Si l'on considère l'équation de la *richesse évaluée*, on verra qu'il est presque indifférent que ces dernières marchandises aient un prix un peu plus ou un peu moins élevé. En effet, si elles entrent en compte dans le terme de la production, qui est positif, elles entrent également en compte dans le terme de la consommation, qui est négatif; conséquemment, un accroissement léger dans leur prix n'a presque aucune influence sur l'expression de la *richesse évaluée*, qui ne comprend pour ainsi dire que la somme des capitaux engagés.

Quant à l'exportation, il est certain qu'une surtaxe appliquée à toutes sortes de marchandises en élève le prix et en rend le placement plus difficile. Mais il faut considérer que la marine, par le grand nombre des métaux ouvrés, des bois façonnés, des chanvres tissés, etc., qu'elle utilise; par la population nombreuse et énergique qu'elle entretient, par les bénéfices considérables que comme industrie elle produit, est éminemment propre à accroître la valeur des capitaux de toutes natures. Ainsi, sa protection, tout en augmentant légèrement la valeur de certains articles, peut encore être très-utile.

Néanmoins, pour cette industrie comme pour les autres, il est toujours une vérification à faire afin de savoir jusqu'à quelle limite elle peut être protégée.

Les grands profits que procure la marine, en considérant toujours le marin à la fois comme capitaliste, constructeur, patron et matelot, sont attestés par de nombreux exemples. — Ainsi, la plupart des pays qui ont été célèbres dans le monde par leurs richesses les ont dues presque en totalité à cette industrie. Nous citerons, aux premières époques de la civilisation, Tyr, Sidon, Carthage, et plus récemment la Hanse, les républiques italiennes, la Hollande, etc.

Comment se fait-il que certaines nations peuvent défier toute concurrence en fait de navigation?

1° Un commerce très-important leur permet de fréter de grands navires, qui présentent beaucoup d'économie dans les transports.

2° Quelques peuples, naissant pour ainsi dire au milieu des flots, acquièrent naturellement des aptitudes toutes spéciales, avec lesquelles ils peuvent affronter sans crainte les périls qu'offre la navigation, tout en n'employant à la manœuvre des navires qu'un petit nombre de matelots.

3° Les nombreuses colonies que certaines nations possèdent leur font trouver avec plus de facilité des chargements d'aller et de retour.

4° Ces nations, au moyen de l'abondance de leurs capitaux et du faible intérêt qui en résulte, sont à même de réduire leurs nolissements à un très-bas prix.

5° Il est certains pays très-formalistes qui multiplient les règlements sur la durée de l'instruction des marins, sur le nombre de ceux qu'un navire doit porter, sur la quantité des objets d'armement, etc., etc. — De cette manière ils accroissent prodigieusement les frais de transport, et donnent ainsi, en fait de navigation, une grande supériorité aux autres pays.

Le système protecteur ne doit-il pas être condamné comme contraire à la justice?

On a prétendu qu'au point de vue de la justice, le système protecteur était essentiellement condamnable, parce qu'il favorisait les producteurs aux dépens des consommateurs.

Si ce fait de l'inégalité dans la répartition des richesses est exact, ce que nous contestons dans un grand nombre de cas, attendu que les bénéfices des producteurs se reportent le plus souvent sur les consommateurs, la perte éprouvée par ces derniers n'est jamais (suivant ce qui a été expliqué) qu'un sacrifice éclairé qu'ils font à la grandeur et à l'indépendance de leur patrie. — Mais, du moment que le libre-échange, comme nous l'avons prouvé, donne à certaines nations la faculté de s'appliquer la plus grosse part dans le partage des richesses de ce monde, c'est bien ce système qui doit être condamné comme contraire à la justice.

CHAPITRE XV.

Le libre-échange doit exister dans l'intérieur de tous les pays; mais, quant au libre-échange international, il n'est fructueux que pour quelques états privilégiés.

N'est-il pas très-avantageux pour tous les pays de décréter le libre-échange dans leur intérieur?

Incontestablement. En effet, si, à la suite d'un troc opéré dans un pays, la *richesse évaluée* de l'un des échangistes a décru, par contre la *richesse évaluée* de l'autre a dû s'accroître ; et ainsi ce pays, loin de faire aucune perte, bénéficie de tout l'essor que ne manque pas de donner au travail la liberté des transactions. — Alors, plus de traitements à donner aux douaniers, plus de temps perdu par le commerce pour la visite de ses marchandises à chaque station.

Le libre commerce intérieur, sans nuire à un État, équivaut donc à la création d'une nouvelle force productrice qui, en permettant de fabriquer à meilleur marché, active la production et accroît la *richesse évaluée* nationale. Les provinces uniquement agricoles sans doute seront défavorisées, mais, comme nous l'avons déjà dit, les industriels qui s'enrichissent reportent sur ces provinces les capitaux qu'ils ont amassés, et les font profiter ainsi, si ce n'est en totalité, du moins en grande partie, des bénéfices qu'ils doivent au libre-échange intérieur.

Quels sont les principaux pays auxquels le libre échange peut convenir particulièrement ?

Nous placerons en première ligne l'Angleterre et la Belgique. — Ces nations, ne redoutant aucune concurrence dans la confection des articles d'un usage général, en raison de l'abondance de leurs capitaux, de l'habileté de leurs ouvriers et de mille autre facilités dont elles sont redevables soit à des travaux antérieurs, soit à la nature, peuvent fort bien retirer du libre-échange de très-grands profits.

Puis vient la France, qui, bien qu'elle n'ait pas à sa disposition des capitaux aussi importants, relativement à sa population, que ces derniers pays, ne

rencontre aucune rivale dans le monde, d'une part
pour ses objets de luxe, tant on sait apprécier le goût
délicat qui préside à leur confection, et d'une autre
part pour ses vins, dont l'excellence est partout reconnue.

Néanmoins ces diverses puissances pourraient accroître encore leurs *richesses évaluées*, en protégeant momentanément, et quelquefois normalement,
certaines industries, qui seraient alors susceptibles
de soutenir la concurrence étrangère (1)

On pourrait citer encore, comme devant gagner
à la liberté des échanges, certaines villes placées sur
le littoral : *les villes anséatiques*, par exemple, —
la navigation, le commerce, l'entrepôt, et le transit
des marchandises, etc., se substituant, dans maintes
circonstances, avec avantage, comme sources de richesses, à des manufactures qui reposent sur la protection.

*Le système protecteur peut-il s'appliquer avec la
même efficacité aux grands et aux petits pays ?*

Ces derniers y trouvent bien moins d'avantages.
Un peuple qui a recours à la protection doit s'attendre, de la part de l'étranger, à une réciprocité de mesures qui le condamneront à l'isolement. Il n'est donc
autorisé à sauvegarder le travail national que dans le
cas où ses produits pourront s'écouler aisément dans
l'intérieur et y trouveront une concurrence qui les
empêchera d'y atteindre un prix trop élevé.

Les petites principautés de l'Allemagne se sont

1 Voyez note 8.

parfaitement rendu compte de ce phénomène économique, car elles ne se sont associées ou autrement
réunies en *Zollwerein*, que pour se donner une protection efficace.—Quant aux petits pays qui ne peuvent
s'annexer à leurs voisins, en général il leur convient
d'autant plus d'adopter le libre-échange, qui généralement les dotera de *richesse d'usage*, que les États
de premier ordre mettent leur indépendance à l'abri
de toute atteinte.

Cependant si l'on s'en rapporte au marquis de Pom-
bal, ancien ministre dirigeant du Portugal, le libre-
échange a déjà été très-nuisible à cette contrée, bien
qu'elle soit de médiocre étendue.

Voici les remontrances qu'il adressait, en 1760,
au cabinet anglais :

« C'est par ses manufactures que l'Angleterre
« s'est rendue maîtresse de nos mines; elle nous dé-
« pouille régulièrement tous les ans de leurs pro-
« duits. Un mois après que la flotte du Brésil est
« arrivée, il ne reste plus une pièce d'or en Portu-
« gal. Par une stupidité qui n'a pas d'exemple dans
« l'histoire du monde économique, nous vous per-
« mettons de nous habiller et de nous fournir les
« objets de notre luxe. Nous donnons à vivre à
« 500,000 ouvriers du roi Georges, population qui
« subsiste à nos dépens dans la capitale de l'Angle-
« terre..... »

Ce n'est là que l'opinion d'un Portugais patriote;

voici celle d'un Anglais, membre de la Chambre des communes :

« Que ne devons-nous pas à celui dont l'habileté
« a su assurer un vaste débouché à nos manufac-
« tures, et par conséquent le travail et l'aisance du
« peuple anglais ! Pendant les vingt années de prohi-
« bition qui ont précédé le traité qu'il a heureuse-
« ment négocié, les Portugais avaient un tel succès
« dans la manufacture de laine, que nous n'appor-
« tions de ce pays ni or ni argent. Mais, depuis la
« libre importation de nos étoffes, nous leur enlevons
« leur or et ne leur laissons d'argent que ce qui leur
« est indispensable pour leurs nécessités. Il ne nous
« en a rien coûté pour mettre leur commerce entier
« dans nos mains ; l'importation seule de nos *bayettes*
« paye leurs vins et les achats divers que nous leur
« faisons. »

CHAPITRE XVI.

**L'opinion du peuple est en général de peu de va-
leur pour trancher les questions de protection
et de libre-échange.**

*Quelles sont les aspirations du peuple relativement
à la protection et au libre-échange ?*

Sauf un petit nombre d'exceptions, si l'on inter-
roge successivement les citoyens de toutes classes, en
général ils réclameront comme producteurs la protection de leurs industries respectives, et comme

consommateurs la plus grande liberté dans l'échange des marchandises dont ils usent habituellement. — Les vœux des populations sont donc éminemment contradictoires, et la vérité ne peut ressortir que d'enquêtes publiques parfaitement dirigées, qui constatent les faits et relèvent les nombres statistiques nécessaires pour faire parler les formules que nous avons données.

CHAPITRE XVII.

Les intérêts des peuples sont souvent antagonistes.

Est-il vrai qu'un peuple a toujours intérêt à la prospérité des autres peuples ?

Cette opinion, qui tend chaque jour à prendre plus de consistance parmi les économistes de notre époque, était repoussée par les penseurs d'autrefois. Montaigne, Bacon, Voltaire [1], et tous les autres philosophes des temps passés, sont unanimes pour considérer le mal qui arrive à une nation voisine comme favorable à celle dont on fait partie. Ni les uns ni les autres ne sont dans le vrai. Tantôt nous

---

[1] « La perte de l'un est le profit de l'autre. »
　　　　　　　　　　　　　　　　　　(MONTAIGNE.)

« Quidquid alicubi adjicitur alibi detrahitur. »
　　　　　　　　　　　　　　　　　　(BACON.)

« Souhaiter la grandeur de notre patrie, c'est souhaiter du mal à ses voisins. Il est clair qu'un pays ne peut gagner sans qu'un autre perde. »　　　　　　　(VOLTAIRE.)

profitons des pertes que font les autres peuples, tan
tôt elles nous sont funestes.

Considérons d'abord deux peuples, l'un industriel,
l'autre agricole, faisant des échanges entre eux. Si
les matières premières viennent, par un caprice des
saisons, à manquer chez ce dernier, c'est un malheur
pour tous deux, car celui-ci ne pourra se procurer
aussi facilement les objets de fabrique dont il a besoin,
et celui-là rencontrera des difficultés pour obtenir les
matières premières qu'on lui fournit en échange de
ses fabrications.

Mais, si un sinistre vient frapper l'agriculture
d'un pays riche et industriel, il en sera tout différemment : ce sera un nouveau débouché offert aux
peuples agricoles, débouché qui leur permettra d'é-
lever le prix des matières premières qu'ils produisent,
et de se compenser en partie de l'inégalité des
échanges qu'ils subissent habituellement, ainsi que
nous l'avons déjà fait remarquer maintes fois.

Supposons encore que les manufactures d'un pays
industriel viennent à être paralysées à tout jamais.
Si l'on s'imagine que les autres contrées en pâtiront,
on se tromperait gravement.—En effet, à notre époque, au su de chacun, partout on aspire à être industriel, car c'est dans l'industrie que se font les plus
grands bénéfices. Or, les produits fabriqués pouvant
presque partout se multiplier à l'infini, ces contrées
ne manqueront pas, à leur grand profit, de surexci-
ter chez elles le travail des manufactures pour s'em-
parer des débouchés qui resteront ouverts. — Qui
oserait prétendre que l'Angleterre, la Hollande,

l'Allemagne, ont perdu à cette funeste révocation de l'édit de Nantes, en accueillant nos industriels qu'une indigne politique obligeait à abandonner leur patrie? Cet acte déplorable n'est-il pas une date néfaste pour nos manufactures et nos débouchés?

Sans doute la *richesse évaluée* des pays agricoles qui trafiquent librement avec les pays manufacturiers peut fort bien grandir; mais un *quantum* de *richesse évaluée* n'est jamais que l'expression d'un rapport qui fixe le degré relatif de la puissance d'une nation sur l'homme et sur les choses qu'il produit. Et, comme ce *quantum* s'accroît avec bien moins de rapidité dans les pays agricoles, en raison de la nature des marchandises qui s'échangent, on doit en conclure que ceux-ci, relativement, s'appauvrissent chaque jour de plus en plus.

Quels sont les peuples avec lesquels il est plus avantageux de faire le commerce?

Nous avons vu qu'en général il y avait toujours beaucoup de profit à échanger les marchandises fabriquées contre les matières premières (1); un peuple manufacturier a donc toujours un grand avantage à trafiquer avec des peuples agricoles (2), et plus ces

---

¹ Si le peuple manufacturier est en outre navigateur, son avantage deviendra encore plus grand, car le transport des matières soit premières, soit manufacturées, sera une nouvelle façon très-lucrative qu'il donnera aux marchandises.

² Montesquieu s'était déjà prononcé dans ce sens, car dans son chapitre de l'*Esprit des lois* intitulé : *A quelles nations il est désavantageux de faire le commerce*, on lit : « Si la Pologne (pays agricole) ne commerçait avec aucune nation, ses

derniers seront laborieux, plus il réalisera de bénéfices. C'est ce qui explique, d'une part, l'intérêt majeur qui porte les Américains à exciter au travail les sauvages qui les avoisinent, et, d'une autre part, comment les Anglais, après la déclaration de l'indépendance des États-Unis, ont pu, au moyen d'un commerce très-développé (commerce tributaire, marchandises manufacturées contre matières premières), gagner peut-être plus avec cette ancienne colonie que lorsqu'elle était contrainte par force majeure à leur payer un tribut dans toute l'acception du mot.

Voici, du reste, quelques propositions dont il est difficile de contester l'exactitude, et qui jetteront de la lumière sur ce sujet.

1° Lorsqu'un pays riche et manufacturier, par suite d'un fléau, tel qu'un incendie, une inondation, un désordre dans les saisons, etc., perd un grand nombre de marchandises, la nation qui est appelée à les fabriquer et à les fournir bénéficie de cette perte. Le bénéfice de la fourniture est, en général, d'autant plus grand que le pays frappé a été jusque-là plus prospère.

2° Une destruction de marchandises survenue dans un pays quelconque diminue la *richesse d'usage* moyenne du monde entier.

peuples seraient plus heureux... Il n'y aurait pas une dépense immense à faire pour les habits (qu'on achète à l'étranger); *les grands, qui aiment toujours le luxe, et qui ne le pourraient trouver que dans leur pays, encourageraient les pauvres au travail.* »

3° Lorsque les habitants d'une contrée entièrement agricole sont apathiques, paresseux, ils ne peuvent avoir qu'une faible *richesse évaluée*. Alors il est en général désirable pour les nations étrangères que ces habitants, en devenant laborieux, accroissent leur *richesse évaluée*, car par leurs travaux ils augmenteront la quantité des matières premières qui s'échangent sur le globe, et, par suite, la *richesse d'usage* générale. Un sinistre qui frapperait cette contrée serait donc un malheur universel. '

4° Si la contrée dont il vient d'être parlé venait à obtenir, soit par des manufactures, soit tout autrement, une production tellement prépondérante que sa *richesse évaluée* fût devenue formidable, dangereuse pour les nations étrangères, il serait sans doute le plus ordinairement préjudiciable à la *richesse d'usage* de ces nations, mais certes profitable à leur force, à leur puissance, à leur *richesse évaluée* relative, que la production de cette contrée fût entravée.

5° Deux peuples, en commerçant ensemble, dans le cas où ils profitent mutuellement de leur prospérité respective, doivent, au point de vue de leurs puissances relatives, prendre des mesures pour que, dans le trafic qu'ils font entre eux, la *richesse évaluée* de l'un ne s'accroisse pas dans une plus forte proportion que la *richesse évaluée* de l'autre '.

En prétendant, jusqu'à ces derniers temps, que les intérêts des peuples sont toujours ou antagonistes ou solidaires, on était sous l'influence de préjugés inhé-

---

' Voyez note 9.

rents à des époques encore dans l'ignorance de la *richesse évaluée* et de la *richesse d'usage.*

CHAPITRE XVIII.

Quand même les produits s'échangeraient toujours contre des produits, ce ne serait pas une raison pour que le libre-échange pût être accepté en principe.

Est-il vrai que dans les échanges internationaux les produits s'échangent toujours contre les produits ?

Le fait est très-contestable. L'échange peut très-bien avoir lieu entre produits et immeubles. Ainsi, n'est-il pas un grand nombre d'immeubles en Portugal, en Sicile et en Amérique, qui appartiennent aux Anglais, tandis qu'il est très-peu de Siciliens, d'Américains et de Portugais qui comptent parmi les propriétaires de la Grande-Bretagne?

Mais, en supposant que les produits s'échangent contre les produits, en résulte-t-il que le libre-échange ne présente rien de nuisible à aucune nation?

La réponse à cette question réside dans la théorie que nous avons donnée sur les échanges. Nous avons reconnu que, lorsque deux producteurs, l'un de matières premières, l'autre d'objets de fabrique, échangeaient leurs marchandises, celui-ci acquérait une *richesse évaluée* bien supérieure à celle du premier; dès lors, si on laisse en toute liberté les produits s'échanger, on verra certaines nations (l'Angleterre, par exemple, qui ne livre que des articles de fabrique) accroître énormément leurs *richesses évaluées*, par rapport à celles des autres peuples. — De là il résulte que la théorie de J.-B. Say sur l'échange des produits contre les produits n'a plus aucune espèce de valeur.

CHAPITRE XIX.

Crédit.

Qu'est-ce que le crédit ?

C'est la réputation de solvabilité des personnes ou la réputation de valeur des choses.

Quels sont les avantages généraux du crédit ?

Nous les résumerons ainsi qu'il suit :

1° En raison de leur crédit, des personnes peuvent emprunter des richesses d'une grande valeur, pendant un certain temps, au moyen d'un billet, ou même d'une promesse verbale.

2° A mesure que grandit le crédit des choses, ou autrement leur réputation de valeur, l'État ou les personnes qui possèdent ces choses voient s'accroître leurs facultés d'emprunt.

3° La production devenant plus importante au fur et à mesure que s'augmente la faculté d'emprunter, qui se proportionne à l'état du crédit, la richesse d'une nation se développe évidemment avec son crédit.

A quoi doit être attribué le développement du crédit des personnes et des choses ?

Le développement du crédit des personnes et des choses est un des fruits de la civilisation ; il se fonde en grande partie sur l'énergie du travail, sur l'abondance des capitaux; il dépend aussi beaucoup de la moralité des personnes (la loyauté, la probité, la délicatesse, etc.) et des bonnes lois (lois sur la propriété, sur les prêts, sur les sociétés commerciales, etc.).

Le crédit n'a-t-il pas donné lieu à une quantité de valeurs très-diverses et très-utiles ?

Assurément. On nomme ces valeurs des titres fiduciaires, dont les principaux sont les billets de banque, les lettres de change, les actions, les obligations, les warrants, etc.

Qu'est-ce qu'un billet de banque?

Un billet sur lequel est inscrite une somme payable à vue et au porteur.

Qu'est-ce qu'une lettre de change?

C'est un ordre écrit de payer à un tiers, ou à son cessionnaire direct ou indirect par endossement, une somme déterminée, à lieu et à jour fixes. La loi exige en outre que la lettre de change soit tirée d'un lieu à un autre et datée, que le tireur soit réellement créancier du tiré au moment de l'échéance, que la valeur fournie soit énoncée, que les endossements soient datés et signés.

Qu'est-ce qu'une action et une obligation ?

L'action est un titre qui donne droit à une part dans un capital et dans l'intérêt qu'il produit. Comme la valeur de tout capital est sujette à varier, celle de l'action n'a que peu de fixité. L'obligation est bien plus stable dans sa valeur, car c'est une hypothèque sur un capital, et, en conséquence, elle ne participe que légèrement aux accroissements ou aux diminutions qu'il est susceptible d'éprouver.

Qu'est-ce qu'un warrant?

Un récépissé, transmissible par voie d'endossement, constatant qu'une personne possède, dans un dock ou magasin, une certaine quantité de marchandises, d'une espèce et d'une qualité déterminées.

A quoi servent ces divers titres fiduciaires?

Ils sont d'une grande utilité pour accroître les capitaux d'un pays, et, dans ce but, chacun de ces titres remplit une multitude de fonctions. Ne pouvant les énumérer toutes, nous nous contenterons d'indiquer les principales.

1° A l'aide des billets de banque, on s'acquitte en un instant de très-fortes sommes, et l'on peut opérer leur translation à presque toutes distances, avec discrétion et sans efforts. Les billets de banque remplacent donc avec avantage les métaux précieux dans beaucoup de circonstances.

2° Les lettres de change diffèrent complétement, comme nous l'avons vu, des billets de banque. Néanmoins, elles font de même éviter bien des transports de numéraire, surtout en permettant de compenser les dettes réciproques des cités et des nations. On peut ajouter encore qu'en escomptant l'avenir, elles facilitent singulièrement la production des marchandises.

3° Par le moyen des actions et des obligations, on

fractionne les valeurs immobilières importantes, et
en même temps on les mobilise. Les immeubles d'un
grand prix devenant ainsi accessibles, par petites
portions, à un plus grand nombre de capitalistes, on
est plus à même soit d'accroître les facultés productrices de ces immeubles, soit de maintenir à un taux
élevé leur valeur capitale, et par suite d'augmenter
la richesse publique.

4° Les warrants, étant transmisibles par endos,
confèrent au porteur soit la possession des objets qui
y sont relatés, soit leur nantissement pour une certaine somme, s'il a été prêté sur eux. De cette sorte,
ils sont éminemment propres à accroître la richesse
nationale, car ils permettent de réaliser la marchandise, ou simplement de l'engager, sans qu'on ait besoin de la déplacer.

*Ces divers titres doivent-ils être comptés parmi les
richesses d'un État ?*

Sans doute, puisqu'ils ont une utilité. Aussi n'a-
vons-nous pas manqué de les porter dans le tableau
qui renferme toutes les richesses.

*Mais la création de ces titres introduit-elle de nou-
veaux capitaux dans un État ?*

En aucune sorte. Ces titres, en essence et en principe sans valeur par eux-mêmes, ne sont que des instruments bien entendus, des machines parfaitement
organisées pour aider à multiplier les capitaux.

*Le crédit, dans son mouvement d'expansion, fait-il
accroître la richesse évaluée d'un peuple ?*

Le crédit, en grandissant chez une nation, non-
seulement fait accroître indirectement sa *richesse éva-*

luée, en raison du plus grand emploi que l'on y fait ordinairement des titres fiduciaires, mais encore provoque par une action directe l'accroissement de cette même *richesse évaluée*. — En effet, nous avons vu que le développement du crédit dépendait beaucoup des bonnes lois et des bonnes mœurs. Or, que se passait-il en France, par exemple, il y a quelques centaines d'années, alors que, par suite, en grande partie, des coutumes, des usages et des vices de la législation, le crédit était dans son enfance? Nous le savons, les propriétés territoriales, étant peu garanties, se négociaient seulement sur le pied de dix fois la rente. Aujourd'hui, grâce au progrès, elles se vendent près de trente fois cette rente, ou environ trois fois autant qu'à cette époque [1], relativement au même revenu.

On ne peut le nier, cet accroissement de valeur est dû au crédit de la chose (propriété territoriale), qui maintenant est plus grand, parce que la civilisation moderne a su faire approprier cette *chose* d'une manière plus complète. Les capitaux terriens, grâce au développement du crédit, ont donc acquis une plus-value, et, comme conséquence nécessaire, la *richesse évaluée* de notre pays a pris de l'accroissement [2].

---

[1] Réellement, la valeur actuelle des terres, au lieu d'être seulement triplée, est plus que vingtuplée; mais nous ne tenons pas compte de cette dernière plus-value, parce qu'elle résulte soit de l'abondance des métaux précieux, soit de l'amélioration des cultures, et non du crédit.

[2] Cette démonstration repose, d'une part, sur ce que l'on doit appeler capital, et, d'autre part, sur la formule que

A quoi attribuez-vous l'erreur dans laquelle sont tombés certains économistes en affirmant que le crédit n'accroît pas les richesses d'une nation, et qu'il ne fait que faciliter leur transmission ?

A ce que, ne faisant aucune distinction entre la *richesse évaluée* et la *richesse d'usage*, ils n'apprécient les effets du crédit que par rapport à cette dernière espèce de richesse. Ainsi, lorsque des charrues sont données à loyer, pendant que leurs propriétaires ne les utilisent pas, ces économistes ont raison de dire que la *richesse d'usage* générale (qu'ils appellent simplement richesse), considérée par rapport au nombre des charrues dont un pays peut disposer, n'a pas augmenté ; mais ils doivent reconnaître que sa *richesse évaluée* s'est accrue : 1° parce que, les charrues servant plus souvent, la production a été surexcitée ; 2° parce que le loyer des charrues, payé par un surplus de production, accroît en même temps et le

nous avons donnée pour mesurer la *richesse évaluée* d'une nation, le premier terme de cette formule comprenant la valeur de tous les immeubles que cette nation possède.

M. Macleod, éminent économiste anglais, dans son *Dictionnaire d'économie politique*, se réunit à nous pour donner a cette vérité une nouvelle consécration. Cependant nous n'admettons pas, comme ce publiciste, qu'en portant à quinze milliards de francs la valeur des billets de banque et des billets à ordre qui circulent en même temps en Angleterre, le capital de ce pays soit augmenté de pareille somme. Dans le calcul de la *richesse évaluée* des peuples, ces carrés de papier ne sont pour nous que de simples machines sans aucune valeur, et nous ne faisons état que du capital qu'elles font naître (voyez la définition du capital) au fur et à mesure qu'il se produit.

capital de leurs propriétaires et la *richesse évaluée* nationale.

Nous ajouterons que le développement du crédit, en donnant une plus-value aux maisons, n'augmente pas pour cela la *richesse d'usage* des habitants d'un pays par rapport à ces maisons, lesquelles restent toujours en même nombre, et ne prennent ni plus d'élégance ni plus de confort; mais il accroît la *richesse évaluée* de ces habitants. Du reste, au moment où une révolution éclate dans une contrée, on peut parfaitement apprécier la différence des actions qu'exerce le crédit sur sa *richesse évaluée* et sur sa *richesse d'usage*. En France, par exemple, nous avons vu, en 1848, la *richesse évaluée* diminuer de moitié ou du tiers, en raison de ce que les propriétés paraissaient menacées. La *richesse d'usage* a-t-elle diminué dans les mêmes proportions? Réellement non. Il est très-peu de personnes qui se soient privées du tiers de ce qu'elles consommaient d'habitude en nourriture, en habillements et en logements.

CHAPITRE XX.

Établissements de crédit.

Quels sont les principaux établissements qui doivent leur existence au crédit ?

Les banques, les docks, les monts-de-piété, etc. Nous allons en dire quelques mots :

L'établissement de crédit[1] nommé banque se livre aux opérations suivantes :

1° Il escompte tous billets à ordre et toutes lettres de change lorsque leurs signataires offrent des garanties suffisantes.

2° Il se rend caution, par son endos, de ces billets et lettres de change, et peut ainsi les faire accepter avec facilité au commerce.

3° Il fournit, moyennant une légère rétribution, aux particuliers, des traites sur les pays éloignés, et leur évite ainsi des transports de numéraire qui sont toujours très-onéreux et même assez périlleux.

4° Il crée des billets à vue et au porteur qui, dans maintes négociations, tiennent lieu de monnaie.

5° Il recueille, au moyen de son crédit, les espèces disponibles d'un pays, en faisant bénéficier les dépositaires d'un intérêt plus ou moins élevé.

6° Il fait pour ces divers dépositaires des virements de partie qui les dispensent de tout apport d'espèces dans les marchés qu'ils font entre eux. Comme toutes les banques d'une ville opèrent avec facilité des virements entre elles, il en résulte qu'une multitude de transactions peuvent s'effectuer sans donner lieu à aucun mouvement de numéraire. On connaît la maison désignée à Londres par le nom de *Clearing-House*, où les préposés des banquiers de cette ville règlent chaque jour pour près de cent millions d'affaires avec quelques billets de banque.

---

[1] Le crédit (réputation de solvabilité) d'une banque est obtenu par la loyauté de ses administrateurs et par les capitaux qui garantissent leur gestion.

7° Il se charge d'une quantité de services dits *financiers*, par exemple du recouvrement des créances, etc., et même, comme en Angleterre, de la levée des impôts.

8° Il prête à courte échéance sur dépôts de titres ou de lingots.

On entend par dock une réunion de vastes magasins dans lesquels on entrepose des marchandises de tous genres, et où l'on remet à chaque dépositaire un récépissé qui atteste l'espèce, la qualité et la quantité de ces marchandises. Nous avons vu (page 136) quelle action ce récépissé, appelé warrant, garanti par le crédit de la compagnie propriétaire du dock, exerce sur le développement de la richesse publique en mobilisant les produits de toute sorte.

Le mont-de-piété ne diffère du dock qu'en ce qu'il prête lui-même sur les marchandises que l'on consigne dans ses magasins. Les prêts, à Paris, ont lieu en général pour un an, et s'ils ne sont pas remboursés à cette époque, la vente du gage est poursuivie, t le prêteur se paye par ses mains. Comme cet établissement est obligé d'emprunter les fonds dont il se ert, et de solder ensuite tous les frais de garde et de comptabilité, il ne prête jamais qu'à un intérêt très-élevé (8 à 9 p. 100). Aussi les monts-de-piété n'offrent-ils des ressources que dans les circonstances critiques.

CHAPITRE XXI.

Des revenus.

§ 1.

DU PRODUIT NET ET DU PRODUIT BRUT.

Quelle est la source de nos revenus ?

Nos revenus proviennent du produit brut et du produit net que l'homme obtient au moyen de son travail et de ses capitaux.

Qu'est-ce que le produit brut et le produit net ?

Le produit brut est la valeur de toutes les choses que l'on retire de l'exploitation d'une industrie pendant une année. Le produit net est ce qui reste de cette valeur lorsque, durant la même période, on en a retranché l'intérêt du capital employé, les salaires, les honoraires et les autres frais.

J. B. Say n'a-t-il pas prétendu à tort que le produit brut chez une nation se confondait avec le produit net ?

J. B. Say n'avait jamais calculé la valeur des capitaux engagés que possède une nation. Il l'avoue franchement du reste. S'il avait fait comme nous ce calcul, il aurait reconnu qu'ils n'existent qu'à la condition de donner un produit net, et il aurait apprécié à sa juste valeur ce produit net. Or, comme ces capitaux engagés ont en même temps un produit brut qui se compose non-seulement de ce produit net, mais encore des autres valeurs créées annuellement pour rémunérer les entrepreneurs et les travailleurs de toute sorte, il est évident qu'une nation a à la fois un produit brut et un produit net, qui sont très-distincts l'un de l'autre.

A combien évaluez-vous en France le capital national, le produit brut et le produit net?

Le capital de la France s'élève à environ 160 milliards; nous estimerons son produit net à 6 milliards, et son produit brut à 23 milliards.

Voici à peu près comment le produit brut se décompose :

1° Produit brut immatériel. . . .   2,500 mm
2°   —   de l'agriculture. . . .   5,000   [2]
3° Produit brut de l'industrie et du commerce.   16,000
                                        _____
A reporter. . . . .   23,500 mm

---

[1] Cette somme se compose des émoluments, honoraires, traitements, rémunérations, etc., attribués aux fonctionnaires publics, aux notaires, aux avoués, aux médecins, aux artistes, aux hommes de lettres, etc. Les produits immatériels incorporés aux fabrications n'y sont pas compris.

[2] Ce nombre, qui figure habituellement dans les ouvrages économiques, nous paraît beaucoup trop faible. Il est probable qu'on a eu tort de ne pas faire entrer dans le calcul de sa détermination la grande quantité de marchandises que les cultivateurs confectionnent pour leur usage. Cependant le produit brut des agriculteurs sera toujours faible relativement à celui de l'industrie et du commerce, attendu qu'ils consomment sur place les matières premières qu'ils produisent, et qu'en général ils sont très-réservés dans leurs dépenses.

[3] Pour se rendre compte de l'énormité de ce chiffre, voyez

Report . . . . .   23,500 mm

4° — des maisons ne ser-
vant à aucune exploitation . . . . .   1,500 mm

Total. . . . .   25 milliards

Expliquez-nous comment il se fait que le produit net de la France, 6 milliards, soit aussi faible relativement au produit brut, 25 milliards, c'est-à-dire un peu moins du quart.

Rien de plus facile. Un revenu net de cent mille livres de rentes, résultant d'une exploitation industrielle, est habituellement accompagné d'un produit brut six et sept fois plus considérable. (Nous connaissons même une houillère de laquelle on retire chaque année des charbons pour plus de 1 million de francs, et qui cependant ne rend que le dixième de cette somme à ses actionnaires.) Le produit brut serait donc sept à huit fois plus considérable que le produit net, si dans l'agriculture il n'y avait pas moins d'écart entre ces deux espèces de produits : le plus souvent, en effet, le premier n'y est guère que le double ou le triple du second. Tout compensé, on s'éloigne donc assez peu de la vérité en admettant que le produit brut de la France est environ quatre ou cinq fois aussi considérable que son produit net.

le *Calcul du produit des industries parisiennes*, par Horace Say, et les *Géorgiques* de M. Louis Millot.

§ 2.

DE LA DISTRIBUTION DES REVENUS
ENTRE LES CAPITALISTES ET LES DIVERS TRAVAILLEURS.

Comment se fait la distribution de nos revenus ?

Lorsqu'un industriel se procure la matière première qui lui est indispensable, il rembourse au fournisseur toutes les avances que cette matière a exigées pour être produite, et par conséquent toutes les portions de revenu afférentes aux personnes qui ont aidé à la procréer. En suivant tous les produits au fur et à mesure qu'ils se transforment et se consomment, on verra que leur valeur se répand successivement sur une quantité d'individus. — Pour le coton, par exemple, le négociant l'achète brut au planteur, puis le fait transporter au Havre, où il est vendu aux enchères. Le prix de cette vente acquitte les frais de premier achat, ceux de navigation et d'entrepositaire. On file ce coton, on le teint, on le coupe, on le tisse ; alors un débitant l'acquiert, en soldant tous les nouveaux frais qu'il a nécessités. De ce dernier il passe entre les mains d'un artisan qui lui donne la forme, et le cède, à prix débattu, au consommateur, dont les revenus, pour l'objet dont il use, vont en définitive payer des travailleurs dans toutes les parties du monde.

Dans la répartition du produit brut d'une nation, vaut-il mieux ou bien que la part afférente aux travailleurs soit considérable, le revenu net s'amoindris-

sant, ou bien que cette part des travailleurs soit faible et que le revenu net soit très-grand?

Dans le partage du produit brut entre les capitalistes et les travailleurs, il est une certaine proportion qu'il serait désirable de voir s'établir. En effet, si la concurrence effrénée des travailleurs fait réduire outre mesure leurs salaires, sans doute le produit net et le capital national s'accroîtront, ce qui est un avantage pour tous pays; mais aussi les populations ouvrières se flétriront, et tomberont, comme on l'a vu maintes fois, dans ce hideux paupérisme qui est la honte de l'humanité.

D'un autre côté, si, en raison d'une forte demande de bras, le salaire s'accroît outre mesure, comme le produit net diminue, le capital national diminue aussi, et il est inutile de rappeler tous les inconvénients qui s'ensuivent.

Mais, si la portion du produit brut obtenue par les travailleurs s'accroissait de plus en plus par suite de grèves bien dirigées, ne serait-il pas possible, en prélevant de petites sommes sur chacun d'eux, de réunir des capitaux aussi productifs que ceux que peuvent fournir actuellement les capitalistes?

Évidemment non, car alors le salaire des travailleurs, dans chaque industrie, absorbant presque entièrement le produit brut, et conséquemment ne donnant lieu qu'à un très-minime produit net, ce ne serait plus l'intérêt individuel mais bien l'intérêt social qui seul présiderait à la création des ouvrages importants; et l'on n'ignore pas le peu d'énergie de son action. — Ensuite, comment se procurer les capitaux nécessaires à une exploitation, s'ils ne doivent rien rapporter? Il faudrait donc recourir à une collecte, ou plutôt à un emprunt forcé. Que peut-on dès lors attendre d'un pareil système?

§ 3.

DE LA RÉSERVE D'UNE NATION.

Qu'est-ce que la réserve d'une nation ?

Une nation bien administrée et en voie de prospérité, au lieu de consommer tout ce qu'elle produit, doit augmenter chaque année ses fonds productifs, car la quantité de ses consommations s'accroîtra chaque jour en raison du développement de la population et de la tendance générale de chacun à avoir plus de bien-être. Cette augmentation incessante des fonds productifs se fait au moyen du capital *annuellement disponible* dont nous avons parlé (page 51), et qui n'est autre que la réserve d'une nation. On évalue en France ce capital disponible ou cette réserve à environ un milliard de francs par an [1].

CHAPITRE XXII.

Du revenu des divers capitaux, et de l'usure.

Les revenus appelés fermages, loyers et intérêts,

[1] Nous ne serions pas étonné que cette réserve en France fût dans une période de déclin. Quelques symptômes paraissent l'annoncer : ainsi, par exemple, l'impôt s'attaque chaque jour à de nouvelles richesses, le luxe s'accroît d'une manière insensée, etc.

sont-ils toujours proportionnels à la valeur des terres,
des maisons et du numéraire qui produisent ces re-
venus ?

Il y a toujours une très-grande différence entre les
revenus de·divers capitaux ayant la même valeur.
Les maisons, les domaines, les métaux précieux sont-
ils très-recherchés, leur loyer annuel s'accroît, comme
il diminue, dans le cas contraire. Ensuite, les capitaux qui offrent le plus de chances de perte donnent
toujours lieu à un revenu plus important que ceux
dont il est presque impossible de dépouiller le propriétaire. Ainsi, les domaines ne rapportent annuellement, en général, que 3 à 4 p. 0/0, tandis que le
revenu des métaux précieux est souvent de 6 p. 0/0
et plus.

Chez tous les peuples, le taux du revenu dans la
location des capitaux résulte-t-il toujours de la con-
currence seule ?

Oui, en exceptant toutefois le numéraire, dont
l'intérêt, d'après les lois françaises et d'après celles
de plusieurs autres pays, ne peut dépasser un certain
quantum.

Et pour quelle raison ?

Autrefois on ne connaissait guère d'autre exploitation que celle de la terre, car le commerce et l'industrie existaient à peine. Or, l'abondance du bétail
et la simplicité des instruments aratoires ne nécessi-
tant presque jamais l'aide du numéraire, il était inutile de recourir aux métaux précieux pour accroître
la production agricole. Ainsi, ces métaux n'étant destinés qu'à acquérir les marchandises servant à la

consommation journalière, en général on ne les prê-
tait qu'aux personnes dans l'infortune, et trop souvent on profitait de leur malheureuse position pour
la rendre plus affreuse encore. De là le nom d'usure ;
de là les plaintes des philosophes moralistes ; de là
les législations restrictives du revenu des métaux précieux, revenu que la nécessité seule, disait-on, forçait
de tolérer, attendu qu'on regardait à cette époque l'or
et l'argent comme complétement improductifs.

Depuis les insignes progrès que les industries commerciales, manufacturières et agricoles ont faits chez
toutes les nations, on ne peut disconvenir que l'opinion publique ne se soit singulièrement modifiée.
Le numéraire est maintenant reconnu comme producteur au premier chef, et on ne peut plus même
concevoir une production sans cet auxiliaire. Rien ne
devrait donc plus s'opposer à ce qu'une législation
appropriée [1] permît de tirer des métaux précieux un
revenu dépendant de la seule concurrence, ainsi qu'il
en est pour les autres espèces de capitaux. Cependant,
en France, nos législateurs n'entrent qu'avec bien

[1] Nous disons *appropriée*, car, d'après nous, chacune des
richesses du monde ayant des propriétés spéciales (voyez
page 16), la législation qui régit l'une d'elles ne peut s'appliquer indifféremment à toutes. La facilité avec laquelle les
métaux précieux se cachent, se conservent, se transportent,
s'échangent, doit à coup sûr les faire ranger, comme richesses, dans une catégorie particulière, et les bonnes lois, qui
ont toujours pour but la protection des faibles, ne permettront pas que des emprunts à un taux trop élevé soient con-
tractés par des personnes qui n'auraient pas atteint un certain
âge, etc.

de la difficulté dans ce nouvel ordre d'idées, et le taux d'intérêt de l'argent y est encore fixé à 5 p. 0/0 pour les particuliers, et à 6 p. 0/0 pour le commerce.

Quelle inconséquence, cependant, que de permettre à un commerçant de vendre toutes sortes de marchandises, au comptant ou à cinq et six mois de terme, quatre et cinq fois ce qu'elles lui ont coûté quelques jours auparavant, c'est-à-dire d'en tirer un bénéfice de 300 p. 0/0 et plus par année, tandis que, vendant de l'or monnayé ou non à un an de terme, c'est à peine s'il lui est permis de réclamer la millième partie de ce bénéfice !

QUATRIÈME PARTIE.

DE LA CONSOMMATION DES RICHESSES.

CHAPITRE I.

Des consommations reproductives et improductives.

Qu'est-ce que la consommation d'un produit matériel ?

C'est l'annulation, ou totale, ou partielle, ou momentanée, de l'utilité d'un produit matériel, par suite de son emploi [1], ce produit n'étant pas susceptible d'être anéanti, puisque les diverses particules dont se composent les corps ne peuvent jamais que se réunir ou se disjoindre.

Qu'est-ce que la consommation d'un produit immatériel ?

C'est la combinaison de cette nature de produit avec un objet matériel, ou bien son absorption par une personne : les produits immatériels de l'archi-

---

[1] On annule *totalement* l'utilité d'un morceau de pain en se l'assimilant, *partiellement* l'utilité d'un vêtement en le portant quelques jours, *momentanément* l'utilité d'une maison en l'habitant ou d'une statue en la possédant.

tecte s'incorporent aux maisons, les produits immatériels du musicien se fixent sur les auditeurs.

*Ne distingue-t-on pas diverses sortes de consom-
mations?*

On en distingue deux sortes, la consommation re-
productive et la consommation improductive.

La consommation que l'on fait d'un objet pour en
créer un autre est dite une consommation reproduc-
tive. Comme il en a déjà été traité au chapitre IX de
la deuxième partie de ce Catéchisme, nous n'y reviendrons pas.

Quant à la consommation *improductive*, c'est celle
que nous faisons directement des produits pour notre
utilité personnelle.

Cette épithète usuelle d'*improductive* nous paraît
un terme assez impropre; le mot *personnelle* aurait
exprimé bien plus heureusement cette espèce de consommation. — En effet, comment est-il possible qu'é-
tant presque tous en même temps producteurs et
consommateurs, on puisse dire que l'huile qui nous
éclaire, le bois qui nous chauffe, et tant d'autres ma·
tières que nous consommons, afin de nous tenir en
santé et de procurer à nos organes la force nécessaire
pour confectionner toutes espèces de produits, donnent lieu à des consommations improductives? Ces
consommations sont productives au premier chef. —
Bien plus, les consommations les plus regrettables
que nous puissions faire donnent quelquefois naissance à de nouveaux capitaux. Ainsi, Paris gagnerait
peut-être en valeur si l'on détruisait une partie des
maisons qu'il renferme. Ainsi les Hollandais firent

autrefois brûler quantité d'épices pour augmenter la valeur du capital qu'ils possédaient en denrées coloniales.

Est-il bien vrai que nous soyons à peu près tous et producteurs et consommateurs ?

Incontestablement, car dans une société, surtout comme nous l'avons considérée, produisant des richesses matérielles et immatérielles, les divers citoyens, soit par leur industrie, soit par leurs capitaux, soit par les places qu'ils occupent, soit par les conseils qu'ils donnent, soit par les fonctions même de chefs de famille qu'ils remplissent, sont incontestablement presque tous à la fois et producteurs et consommateurs.

D'où vient ce nom de consommation improductive ?

Alors que ce nom fut donné aux consommations individuelles, la pensée d'établir une distinction complète, radicale, entre la *richesse d'usage* et la *richesse évaluée* des nations, ne s'était pas encore présentée [1]. La richesse d'un peuple apparaissait aux économistes comme quelque chose de vague, d'indécis, d'énigmatique ; et c'était tantôt sous le rapport de la valeur, tantôt sous celui de l'utilité, qu'ils cherchaient à l'apprécier. Relativement à la signification du mot *improductive*, ils paraissent avoir eu en vue particulièrement la *richesse d'usage*, attendu que la consommation individuelle, en détruisant des marchandises, occasionnait une réduction dans l'approvisionnement, et en conséquence une diminution

[1] On savait seulement qu'un objet avait une valeur d'usage et une valeur d'échange.

dans cette espèce de richesse. Mais, s'ils avaient en même temps tenu compte de ce que devient la *richesse évaluée*, ils auraient reconnu que, sans ces consommations qu'ils appellent *improductives*, et qui sont cependant nécessitées par nos besoins les plus impérieux, la production n'aurait aucune raison d'être. — N'est-il pas vrai qu'une chose n'a de valeur qu'autant qu'elle doit être consommée, et que, si elle ne devait avoir cette fin, personne ne voudrait la produire? — Non-seulement donc la consommation est le principe de la *richesse évaluée*, mais encore, sans la consommation qui prolonge notre existence, il n'y aurait pas possibilité de produire, il n'y aurait même pas d'humanité.

CHAPITRE II.

Ce que chacun doit consommer.
Les avares et les prodigues.

Pour que la richesse évaluée d'une nation arrive à son maximum avec la force productrice dont elle dispose, les consommations ne doivent-elles pas s'élever à un certain chiffre?

Assurément. Ce chiffre même est tel que, si dans ses consommations un peuple ne l'atteint pas, il diminue sa *richesse évaluée*, et que, s'il le dépasse, il la diminue encore.

Bien plus, la somme des consommations qui correspond au maximum de *richesse évaluée* a une valeur qui peut se déterminer aisément. Cette valeur est égale à la somme des revenus de tous les citoyens, car chacun d'eux doit dépenser annuellement son revenu, et rien que son revenu. En effet, s'il ne le dépense pas, il arrête la production; et s'il va au delà, il diminue son capital, qui est un des éléments du capital national [1]. — Nous ferons toutefois remarquer qu'en dépensant son revenu on ne doit pas l'employer entièrement en objets consommables dont on annule l'utilité, attendu qu'une partie de ce revenu doit être appliquée à procréer des fonds productifs, qui constitueront une réserve pour chacun.

Qu'entendez-vous par cette réserve que chaque citoyen doit faire sur ses revenus pour la procréation de fonds productifs?

Chez une nation dont la civilisation est progres- sive, il y a deux espèces de dépenses bien caracté- risées. Si la plupart sont destinées à l'annulation momentanée, partielle ou totale, de l'utilité des produits, il en est cependant un certain nombre qui doivent servir à accroître les fonds productifs.

En effet, chaque année l'utilité d'un plus grand nombre de produits devant s'annuler, attendu que tout à la fois la population augmente et que les consommations individuelles deviennent de plus en plus considérables, il faut de toute nécessité que la

[1] En général, lorsqu'un individu anéantit en folles dé- penses le capital d'un million, par exemple, qu'il possède, les personnes qui profitent de sa ruine ne gagnent qu'environ 15 p. 100 sur ses dépenses. Il y a donc une perte d'environ 700,000 fr. pour la Société.

quantité des fonds productifs s'accroisse dans la même proportion. — Or, cet accroissement des fonds productifs doit être opéré par chaque citoyen au prorata de ses revenus, et c'est ce que nous appelons la réserve que chacun d'eux doit faire, et que nous apprécierons en France, pour fixer les idées, au quinzième de ces mêmes revenus. Cette réserve, qui chaque année augmentera le capital de la nation, non-seulement assurera la production des utilités annulables nécessaires à l'année suivante, mais encore sauvegardera la fortune du citoyen contre les fâcheuses éventualités qui, plus tard, pourraient la réduire.

On maintient donc et on accroît la valeur des capitaux, chez une nation, non-seulement par la création, mais aussi par la consommation intelligente des produits. Ce résultat ne pourrait être obtenu si partout on ne devait s'occuper qu'à produire, et non à consommer, comme semble l'insinuer l'école de J. B. Say.

Cette règle à suivre dans les dépenses, tout en accroissant la richesse évaluée *d'un État, n'est-elle pas très-morale en définitive?*

Nous le pensons. La peine qu'on se donne en travaillant ne mérite-t-elle pas une récompense, ou autrement une satisfaction? On ne peut donc reprocher à l'homme de se donner cette satisfaction, lorsque, étant proportionnée à sa fortune, tout à la fois elle favorise l'industrie de ses concitoyens et accroît la richesse publique! — Bien plus, comme il met en réserve chaque année une petite partie de ses

revenus, et que de cette manière il peut rester longtemps dans la même position de fortune, ne se
trouve-t-il pas dans les conditions les plus heureuses
pour marcher toujours, d'un pas ferme et assuré,
dans l'étroit sentier du devoir et de l'honneur? On
le sait, il n'y a que peu de fond à faire sur la moralité de l'homme sordide et sur celle de l'homme
ruiné.

*Vous désapprouvez alors le riche avare qui, au
lieu de faire une dépense en rapport avec ses revenus,
en applique constamment la plus grande partie à
l'accroissement de son capital?*

Sans doute. Qu'est-ce que l'avare? Un vrai frelon
dans la ruche sociale. Si chacun, dans son mode
d'existence, s'attachait à l'imiter, ce capital dont il fait
son dieu, ce capital qui exerce tant de prestige sur
tous, ne rencontrerait dans le monde qu'indifférence
et dédain; c'est-à-dire que le travail perdrait son
stimulant, et que nous rétrograderions vers la barbarie. — Si l'avare prétendait qu'il n'a pas besoin
d'être excité au travail, il en imposerait; c'est à la
fascination que les capitaux ont exercée de tous temps
sur la foule qu'il mesure l'estime qu'il leur porte. Il
est cependant des circonstances atténuantes en
faveur de l'avarice : elle sert de correctif à la prodigalité extravagante et à ses désastreuses conséquences [1].

___

[1] En France, dans ce moment où les consommations de
toute sorte sont tellement exagérées, où les fortunes ne se
transmettent plus intégralement, si ce n'est par exception,

Vous ne confondez sans doute pas l'avare avec celui qui fait des épargnes convenables?

En aucune façon. Entre la prodigalité, qui ruine les particuliers, détruit la *richesse évaluée* du pays, et l'avarice, qui lui sert de correctif, il est un *medium* raisonnable. On est répréhensible soit lorsqu'on s'enrichit avec des économies sordides, soit lorsqu'on se ruine par des dépenses folles. L'homme digne et de bon sens fuira également ces deux extrêmes, et il remplira son rôle de citoyen d'une manière utile et honorable en ne faisant, sur ses revenus, qu'une réserve conforme aux indications que nous avons données. Ce tempérament, cette modération, que nous réclamons dans les dépenses, sont si rares que l'on a mis avec raison la sage économie au nombre des vertus.

CHAPITRE III.

Des consommations de luxe.

Quelle est l'action des consommations de luxe sur la richesse évaluée d'un pays?

Au chapitre VIII de la deuxième partie, nous avons

des pères aux enfants, la conduite des gens parcimonieux, on ne peut le nier, est utile au maintien et à l'accroissement de la *richesse évaluée* nationale, mais seulement comme correctif d'un état de choses blâmable. — Nous ajouterons qu'on ne peut plus reprocher aux avares d'amasser stérilement, comme ils le faisaient autrefois, des trésors dans leurs coffres; leurs capitaux sont maintenant tous placés d'une manière productive, soit dans l'agriculture, soit dans l'industrie.

prouvé que les industries relatives aux objets de luxe devaient exister dans un pays concurremment avec les industries les plus indispensables, le travail ne faisant que languir là où l'on ne consomme que ce qui est essentiel, tandis qu'il est intense, énergique, lorsque apparaissent les articles de luxe, qui sont ainsi des excitants, des stimulants, dont on ne peut méconnaître la puissance. — Il s'ensuit donc que la consommation de ces articles est nécessaire lorsque l'on veut accroître dans de grandes proportions la *richesse évaluée* d'un pays. — Toutefois cette consommation doit varier suivant les fortunes. Et si l'on veut que chaque classe travaille constamment avec la même ardeur, il faut que ses satisfactions soient de plus en plus raffinées au fur et à mesure qu'elle vient à s'élever dans l'ordre social. Si l'espoir d'une nourriture moins grossière, d'un vêtement moins commun, d'un logement moins restreint, suffit à l'ambition du pauvre, le riche ne travaillera que pour acquérir des objets d'art, se faire traîner par des chevaux de race et habiter des hôtels somptueux.

Ne pourrait-on, dans le but de faire accroître la richesse évaluée d'un pays, consommer les objets de luxe produits par des manufactures étrangères ?

Sans doute, lorsqu'un pays ne peut les produire lui-même ; mais alors nous ferons remarquer qu'il faut s'ingénier de toutes manières pour se mettre à même d'opérer cette production, les fabrications d'objets de luxe étant en général les plus lucratives.

*Dans quel ordre les diverses dépenses doivent-elles
se faire?*

Avant d'acquérir les objets de luxe, on doit faire
toutes les dépenses relatives à une nourriture
saine, à un vêtement de saison propre et commode,
et enfin à un logement aéré, spacieux et agréable.

*Parmi les dépenses de luxe, quelles sont celles qui
doivent être le plus recommandées?*

Sans vouloir faire de l'homme un pur esprit, un
être tout dégagé de la matière, il nous paraît que ses
premières dépenses en fait d'objets de luxe doivent
être consacrées à l'acquisition des produits qui nous
moralisent, nous instruisent et délectent notre esprit,
tels que les œuvres des philosophes, des historiens,
des poëtes, des sculpteurs, etc. — Nous rejetterons à
la suite les dépenses qui donnent satisfaction à nos
goûts de parure, de vanité et de sensualité.

*Pouvez-vous nous dire quelle est la limite des dé-
penses de luxe auxquelles peuvent se livrer les divers
citoyens?*

D'après ce que nous avons vu au chapitre précédent, les dépenses de chaque citoyen sont limitées
par le *quantum* de son revenu. Or, comme il faut
d'abord acheter ce qui est essentiel à l'existence, puis
faire une réserve d'environ un quinzième sur ce
revenu, réserve qui s'applique à la création d'un
fonds productif, il en résulte que la partie excédante
seule du revenu peut être consacrée à l'acquisition
des objets de luxe. De là cette conclusion, que ces
objets ne doivent jamais être consommés qu'en petite

quantité par un peuple. — En effet, d'une part, la
classe ouvrière, toujours la plus nombreuse, ne peut
guère viser qu'à une existence confortable, et, d'une
autre part, les riches, qui ne sont jamais que clair-
semés et dont la fortune n'est que rarement excessive, sont fatalement obligés de se modérer dans ce
genre d'acquisition.

*D'après vous, le luxe n'est donc pas blâmable dans
un État?*

Certainement, pourvu que chacun n'en use que
proportionnellement à sa fortune [1]. Ainsi, les moralistes qui se sont élevés contre toute espèce de luxe
ignoraient les vrais principes de l'économie politique. Certes leur système serait excellent pour nous
faire rétrograder vers ce temps de l'âge d'or si chanté
par nos poëtes, mais non, comme nous l'avons démontré, pour multiplier le capital. — Leurs efforts
doivent donc se borner désormais à empêcher l'abus
des jouissances de luxe.

*Est-ce que, chez certaines nations spéciales pour
la fabrication des objets de luxe, cette fabrication ne
doit pas être encouragée tout particulièrement?*

L'industrie des objets de luxe, étant lucrative au
suprême degré, doit recevoir des encouragements
exceptionnels chez certains peuples qui se livrent à

---

[1] Une conséquence de cette théorie, c'est que, dans un
temps de luxe ou de consommations exagérées, l'accroissement dans le produit des impôts indirects n'est qu'un signe
équivoque de la prospérité des États. Cet accroissement, bien
loin d'autoriser le législateur à se féliciter de l'état social,
doit au contraire éveiller toute sa sollicitude.

ce genre de fabrications et qui veulent n'avoir rien
à redouter de la concurrence étrangère. Alors il n'est
pas suffisant que ces encouragements s'adressent uniquement aux producteurs sous forme de distinctions
honorifiques, et même de rémunérations en espèces ;
il faut encore que la haute société déploie un luxe
qui les excite, les provoque, et en même temps les
guide et les inspire dans la création de tous les articles de goût. Imposer en France les consommations
de luxe de manière à les restreindre inconsidéré-
ment, serait donc pour ce pays, qui a le privilége
d'en pourvoir nombre de peuples, une cause de
décadence.

CHAPITRE IV.

Effets de la destruction des marchandises sur la richesse évaluée d'un pays.

*La destruction brutale de certaines marchandises,
dans un pays, peut-elle faire accroître ses capitaux ?*
Sans doute. Nous avons déjà dit que les Hollandais
à une certaine époque ont accru leur *richesse évaluée*
en détruisant une grande partie des épices qu'ils possédaient, ayant parfaitement calculé que la portion
restante devait s'élever à un prix bien supérieur à
celui qu'avait précédemment la totalité. Il est donc
des circonstances où ce procédé brutal, tout en nuisant essentiellement à la *richesse d'usage*, peut être
favorable à la *richesse évaluée*, mais elles sont très-
rares.

Ainsi, lorsque dans un moment d'effervescence révolutionnaire le peuple ne laisse aucune vitre aux fenêtres d'une ville, lorsque dans une folle ivresse des jeunes gens se divertissent à briser de la vaisselle, des glaces, des lustres, etc., ces destructions sont toujours très-regrettables, car elles ne tendent qu'à exercer une action funeste sur le capital national.

Quel est le motif qui guide le peuple ou cette folle jeunesse dans ces actes barbares ?

Le peuple a trop l'instinct de sa *richesse d'usage* pour détruire du grain, abattre le bétail, brûler les étoffes communes, car il sait parfaitement que toutes ces choses lui sont destinées; mais, par une fatale aberration, il pense que les classes supérieures de la société possèdent des richesses immenses, indéfinies, et que s'il incendie leurs châteaux, leurs palais, enfin ce qu'elles consomment seules, elles se hâteront de remplacer les objets anéantis, ce qui, suivant lui, ne manquerait pas de donner une grande impulsion au travail. — Et là est son erreur. C'est à l'économie politique qu'il appartient d'éclairer les masses, en leur faisant comprendre que le travail donné par les riches est en général proportionnel aux capitaux dont ils disposent, et qu'en anéantissant ces capitaux sans qu'il en résulte aucune utilité, elles se font tort à elles-mêmes. — Quant à cette folle jeunesse, on est bien forcé de reconnaître que, lorsque l'homme n'a plus sa raison pour le guider, l'instinct de la destruction, ainsi que chez certaines bêtes fauves, prédomine en lui. Toutefois, dans cette circonstance, il

brise ce qui lui appartient, tandis que le peuple, relativement aux faits de vandalisme que nous venons
de relater, n'a pas la même excuse.

*Quelles sont les circonstances où la destruction des
marchandises, tout en nuisant à la* richesse d'usage,
peut être favorable à la richesse évaluée?

La plupart du temps c'est à la formule de la *richesse
évaluée* qu'il faut en appeler pour obtenir un jugement décisif. Néanmoins, dans les cas suivants, qui
concernent non-seulement la destruction brutale,
mais encore la consommation ordinaire, il est possible de se prononcer sans son secours.

I

La consommation des marchandises essentielles

1° Maintient et fait accroître le capital d'un pays
lorsque les consommateurs, satisfaisant un besoin
réel, peuvent les acheter avec les produits de leurs
capitaux ou de leur travail, attendu que, si elles n'é-
taient pas utilisées de cette manière, nul ne travail-
lerait, nul ne vivrait;

2° Fait décroître le capital d'un pays lorsqu'elle
est opérée par des indigents qui ne peuvent ou ne
veulent travailler pour les payer, car il y a, dans
cette hypothèse, destruction de la marchandise sans
que sa consommation maintienne ou augmente le
capital qui a servi à la production;

3° Fait décroître ce capital lorsqu'elle est plus forte
qu'il n'est nécessaire : n'est-il pas vrai qu'alors, si
l'on ne compromet pas ses facultés productrices par

une nourriture trop abondante, tout au moins on gaspille des approvisionnements, et on met obstacle au développement d'une population laborieuse, qui contribue presque toujours à l'accroissement des capitaux?

II

La consommation des marchandises non essentielles ou de luxe

1° Fait accroître les capitaux d'un pays lorsqu'elle est proportionnée aux revenus de chacun : alors elle entretient le désir d'accumuler la richesse, et incite l'homme à travailler énergiquement;

2° Fait décroître les capitaux d'un pays lorsqu'elle dépasse les revenus des consommateurs : nous savons que dans ce cas elle diminue leurs capitaux, et par suite ceux de l'État.

III

La destruction brutale des articles de luxe peut accroître la *richesse évaluée* d'un pays, lorsque ceux qui sont conservés acquièrent, par cela même, un prix supérieur à celui de la totalité.

Nous devons ajouter qu'il ne s'agit nullement ici de la destruction du grain, de la viande et d'autres substances essentielles, car l'annulation de leur utilité arrêterait nécessairement le développement d'une population [1] qui par son travail pourrait accroître la *richesse évaluée* publique.

[1] On l'a dit avec raison : *A côté d'un pain naît un homme.*

Dans toute cette discussion il faut se rappeler que la valeur n'est qu'une qualité relative des richesses (c'est la plus ou moins grande force d'action que certaines marchandises donnent à leur possesseur pour se rendre maître, au moyen de l'échange, des marchandises d'autrui), et qu'ainsi ce n'est pas une conséquence nécessaire de cette qualité relative que, toujours avec la même quantité de marchandises d'une certaine espèce, on aura à sa disposition le même nombre d'objets d'une nature déterminée.

CHAPITRE V.

Action du prodigue et de l'avare [1] sur la richesse d'usage d'un pays.

Dites-nous quelle est l'influence de l'avarice et de la prodigalité sur la richesse d'usage du peuple.

Ces deux vices, qui nous font attacher, l'un trop peu, l'autre beaucoup trop d'importance aux besoins du lendemain, sont loin d'avoir la même action sur la *richesse d'usage* d'un peuple. Et lorsque certains économistes prétendent que les classes ouvrières méconnaissent leurs intérêts les plus chers en poursuivant l'avare de quolibets, et en témoignant de la reconnaissance au prodigue, il nous paraît au contraire qu'elles sont alors assez bons juges de ce qui leur procure le bien-être. — En effet, bien qu'un

[1] Nous avons vu que, si personne ne faisait plus de dépenses que l'avare, le travail s'arrêterait, faute de stimulant.

avare puisse commanditer, avec de sordides épargnes, nombre d'entreprises où il emploiera quantité de travailleurs, ces travailleurs ne recevront jamais que ce qui leur est indispensable pour vivre. Obtient-il de grands bénéfices, ces bénéfices, appliqués à de nouvelles entreprises, pourront accroître le capital de la nation et faire subsister un plus grand nombre d'individus; mais chacun d'eux 'aura presque jamais que la même pitance.

Qu'il en est différemment du prodigue! Tout ce qui est autour de lui participe à son aisance; partout on se loue de sa générosité, de ses grandes manières. Ce n'est pas lui qui débattra les gages de ses domestiques, la rémunération de ses ouvriers. Que faut-il de plus pour que ceux qui l'environnent ou qui l'approchent voient leur *richesse d'usage* s'augmenter?

Il faut donc en conclure que, si l'avare, par ses façons d'agir, peut développer la *richesse évaluée* d'un pays [1], il est bien loin d'avoir sur l'accroissement de la *richesse d'usage* des travailleurs la même influence que le prodigue avec ses largesses. Aussi les classes ouvrières ne manquent-elles pas de clairvoyance dans leurs appréciations.

---

[1] L'avare ne développe pas toujours la *richesse évaluée* d'un pays. (Voyez pages 157 et suivantes.)

CHAPITRE VI.

Ce que l'on doit appeler objets de luxe.

Pouvez-vous préciser ce qu'on doit entendre par ces mots : objets de luxe ?

Rien, au premier abord, ne paraît plus facile à définir que l'objet de luxe ; mais, si on y réfléchit, cette définition présente de très-grandes difficultés.

Ce dont on peut se passer n'est pas nécessairement un objet de luxe ; autrement, sauf une caverne pour abri, quelques haillons pour vêtements, et une nourriture grossière pour soutenir notre existence, toutes les choses dont nous nous servons devraient être considérées comme étant de luxe. — D'après l'usage, lorsqu'on emploie cette qualification, on tient compte non-seulement du prix des objets, mais encore on considère les habitudes et la position de fortune des personnes qui doivent les consommer. Ainsi l'objet de luxe est essentiellement relatif à l'époque où l'on vit. Par exemple, une voiture attelée, quelques couverts d'argent, des meubles en acajou ou en palissandre, qui ne font actuellement que composer le nécessaire du riche, étaient autrefois pour lui, comme ils le sont encore pour la classe pauvre, des objets du plus grand luxe.

En nous résumant, nous croyons pouvoir dire sans prétendre donner une définition, que tout objet qui n'est pas aussi indispensable qu'une chaumière, qu'une couverture grossière, qu'un aliment des plus communs, est d'autant plus de luxe qu'il satisfait plutôt nos goûts que nos besoins, et qu'il est moins facile de l'acquérir avec nos revenus.

CHAPITRE VII.

De l'absentéisme.

Qu'est-ce que l'absentéisme?

C'est l'acte de la personne riche qui abandonne le pays où ses biens sont situés, pour aller habiter une autre contrée et y dépenser ses revenus.

L'absentéisme augmente-t-il la richesse évaluée de la nation chez laquelle on vient résider?

Divers économistes, entre autres J. B. Say, et surtout Mac Culloch, affirment que le touriste n'ajoute presque aucune richesse à la contrée qu'il parcourt. Nous prétendons au contraire que, lorsqu'un étranger vient dépenser dans un pays, en France par exemple, tous les ans 50,000 francs, il augmente le capital de cette nation d'une somme que nous évaluons à environ six fois ce revenu, ou 300,000 francs, et voici le raisonnement sur lequel nous nous appuyons.

Jusqu'ici, pour apprécier les avantages que procurait un voyageur, on ne s'occupait que des bénéfices faits par les personnes qui traitaient directement avec lui, et que l'on calculait à raison de 5 0/0 des dépenses faites, tandis qu'il est essentiel de tenir compte d'une foule de bénéfices indirects. — Ainsi, la location d'une maison à ce voyageur, en même temps

qu'elle est profitable à son propriétaire, ne contribue-t-elle pas à entretenir l'existence d'une quantité d'individus : maçons, peintres, tapissiers, ébénistes, etc.?
— Le dîner que consomme un touriste dans un hôtel ne contribue-t-il pas à faire vivre une foule de personnes, telles que cuisiniers, maraîchers, laboureurs, etc.? Or tout ce monde qui profite indirectement des dépenses effectuées par des étrangers réagit heureusement, par les siennes propres, sur la valeur des immeubles de toute nature, terres, manufactures, habitations, etc., que possède un pays, et par suite sur son capital.

Certes, il serait très-difficile d'apprécier un à un les profits d'une contrée, la France par exemple, relativement à chaque service direct ou indirect qu'elle rend à un voyageur, afin de déterminer le gain qu'elle retire de son séjour. Mais voici une méthode qui nous y fera parvenir d'une manière assez approchée.

Faisons observer d'abord que, le capital d'une nation s'accroissant à mesure que sa population aisée devient plus dense, on peut le considérer dans d'étroites limites comme se développant proportionnellement à cette population. De plus, nous admettons, d'après des statistiques assez généralement acceptées, que la France, avec trente-six millions d'âmes et un capital de 160 milliards, crée et consomme chaque année un produit brut, matériel et immatériel, de 25 milliards. Il suit de là que, moyennement, chacun de ses habitants possède un capital de 4,300 fr., et consomme chaque année des marchandises pour une valeur de 700 francs [1]. — En parlant de ces bases, un étranger vient-il à dépenser constamment en France un revenu de 50.000 francs, d'une part, il force par cela seul la population à s'augmenter pour ainsi dire de 71 satellites, car en moyenne nous savons que chaque habitant exige annuellement 700 fr. pour sa dépense, et, d'autre part, il donne au capital français un accroissement de 300,000 francs, attendu que cette somme est le produit de la multiplication de 4,300 par 71.

L'absentéisme n'est-il pas funeste à la richesse évaluée du pays abandonné ?

Sans aucun doute, car la richesse que fait naître le touriste n'est qu'une richesse déplacée. Du moment que la *richesse évaluée* du pays d'élection s'est accrue, celle du pays abandonné doit nécessairement décroître dans des proportions qui se rapprochent, et qu'il serait facile de calculer par la méthode que nous avons indiquée.

Pouvez-vous citer des pays où l'absentéisme a été nuisible ?

Il en est plusieurs : l'Irlande et les Grandes-Indes, par exemple ; on peut même avancer, sans craindre d'être contredit, que la plupart des colonies souffrent de l'absentéisme et en ont singulièrement souffert.

Les tributs payés par les nations vaincues n'ont-ils pas un effet analogue à l'absentéisme ?

L'effet est complétement analogue ; et la théorie

---

[1] Ces 700 fr. ne sont pas dépensés seulement en nourriture, en habits et en logements, mais encore en consommations de toute autre nature, matérielles et immatérielles.

que nous venons de donner de l'absentéisme explique pourquoi ces nations, au grand étonnement des Romains, ne pouvaient subir le même tribut qu'elles payaient comme impôt à leurs souverains avant la conquête. En les appauvrissant d'un capital six fois plus considérable que le montant du tribut qu'on levait sur elles, on détruisait leurs facultés productrices. Au contraire, un impôt convenablement perçu et administré sagement n'est pour un pays qu'une nouvelle source de richesses [1].

CHAPITRE VIII.

Des dépenses publiques.

Quel est le but des dépenses publiques?

C'est de satisfaire aux besoins d'une société. Ces dépenses sont relatives aux produits matériels et aux produits immatériels. — D'une part, un État n'a-t-il pas besoin, pour ses armées, de casernes, de vêtements, d'objets de campement, d'engins de guerre, etc.? — D'une autre part, ne doit-il pas rendre la justice aux citoyens, maintenir la sécurité, donner l'instruction, etc.?

Les produits matériels sont, en général, confectionnés par les particuliers; mais quant aux produits immatériels, d'habitude c'est le gouvernement qui, en grande partie, les crée lui-même, et dans ce but il entretient des administrateurs, des prêtres, des hommes de justice, des gens de guerre, etc.

Les fonctionnaires de tous ordres ne sont-ils pas,

[1] Voyez note 10.

en général, beaucoup plus nombreux que ne l'exigent les services qu'ils doivent rendre ?

Trop souvent on le constate, et il est assez difficile de réprimer la tendance générale de ce genre de producteurs à s'accroître au delà du nombre nécessaire. D'abord, parce que les délégués du souverain sont bien plus disposés à accorder des faveurs aux particuliers qu'à se montrer soucieux de la chose publique, et ensuite parce que les mandataires du peuple, en général, ne soutiennent que faiblement ses intérêts dans cette circonstance. — La raison en est simple : choisis comme ils le sont dans la bourgeoisie, et la plupart des places étant destinées à cette classe de la nation, ces mandataires ne sont que très-peu disposés à réclamer des suppressions d'emplois, car elles ne manqueraient pas d'atteindre leurs connaissances, leurs amis, leurs parents, et souvent même leurs enfants. — De plus, il est d'expérience que les membres de toute société sont, en général, très-peu disposés à sauvegarder l'intérêt collectif. — On se l'expliquera en considérant que, pour y parvenir, les divers citoyens doivent se réunir, délibérer, adopter un avis, puis enfin charger quelqu'un d'entre eux d'obtenir justice. Que de difficultés à vaincre! que d'obstacles à surmonter! Il existe, il est vrai, une autre voie à suivre : un seul, en prenant fait et cause pour tous, peut agir en son propre nom; mais alors il doit se charger de tous les frais de poursuite, et, en cas de succès, il n'a jamais qu'une part très-minime du profit.

Est-il convenable que, dans certaines circons-
tances, un gouvernement se fasse manufacturier ?

Le plus généralement on refuse aux gouvernements l'aptitude nécessaire pour se faire entrepreneurs d'industries. On prétend, avec assez de raison,
que, ne pouvant être alors dirigées qu'au moyen de
fondés de pouvoir, ces industries seraient gérées
avec moins de sollicitude et d'habileté que par des
particuliers intéressés personnellement à leur réussite.

Toutefois la question ne peut être tranchée d'une
manière absolue. Il est diverses entreprises, telles
que le service des postes, l'ouverture et l'entretien
des voies publiques, la construction de certains édifices, etc., qui paraissent ne pouvoir être menées à
bien que lorsqu'elles sont mises en régie par les Gouvernements.

Ne résulte-t-il pas de cette immixtion de l'État
dans les travaux publics que quelquefois ceux qu'il
exécute comportent une solidité exagérée et un luxe
reprochable ?

Il ne faut pas toujours blâmer cette propension
actuelle des États à faire des monuments. De cette
sorte les édifices qu'ils élèvent offrent l'avantage tout
à la fois de braver l'action du temps, de former le
goût national, et d'attester dans l'avenir la haute
civilisation de notre époque. Cependant, il est à
regretter qu'en France, les particuliers, peut-être
dominés, entraînés par cet exemple qui leur vient
d'en haut, se livrent pour les moindres entreprises
à des constructions gigantesques qui dévorent la

plus grande partie de leurs capitaux. On sait mieux calculer en Angleterre, où le gouvernement est lui-même très-modeste, très-réservé dans ses créations

CHAPITRE IX.

Des propriétés de l'État et des biens communaux.

N'est-ce pas à tort que l'État possède et administre des propriétés en biens-fonds ?

L'État, ne pouvant cultiver qu'au moyen d'une régie onéreuse les biens-fonds qu'il possède, doit mettre en vente tous ceux qui ne lui sont pas indispensables. Il a tout bénéfice à agir ainsi. D'abord, il se débarrasse d'une multitude d'employés réellement à charge au pays ; ensuite, les propriétés qu'il détenait, rentrant dans la circulation, lui payent chaque année des redevances si considérables qu'elles équivalent, au bout de seize à dix-huit ans, à la valeur de ces propriétés elles-mêmes. — Cependant, dans ces biens-fonds à vendre, nous ne comprenons pas certaines forêts que l'État doit conserver, attendu qu'en y aménageant des futaies, genre de produits qui chaque jour devient plus rare, il rend à la nation des services dont les particuliers ne paraissent plus pouvoir se charger.

Est-il désirable que les habitants d'une cité jouissent en commun des terres qu'elle possède ?

En aucune sorte, lorsque les terres sont fertiles,

Sont-elles très-arides, il en est autrement. — En effet, dans ce dernier cas, l'appropriation ne conduirait qu'à de très-minces bénéfices, tandis que le pâturage en commun donne de grandes facilités aux prolétaires pour élever et entretenir les animaux nécessaires à leur petit ménage.

CHAPITRE X.

De l'impôt [1].

Qu'est-ce que l'impôt ?

C'est un prélèvement que fait le gouvernement d'une nation sur les divers citoyens qui la composent, afin d'acquitter les charges communes. — Suivant J. B. Say, « lorsque cette valeur (l'impôt) est « payée par le contribuable, elle est perdue pour « tout le monde, et ne se reverse point sur la so- « ciété. » — D'après Destutt de Tracy, « la tota- « lité des dépenses publiques doit être rangée dans « la classe des dépenses justement nommées sté- « riles et improductives. »

Ces opinions d'auteurs à juste titre célèbres pro- cèdent malheureusement d'un fâcheux esprit de parti.

[1] Pour ne pas nous écarter de l'ordre habituellement suivi dans les ouvrages didactiques d'économie politique, nous avons traité de l'impôt dans la quatrième partie de ce Caté- chisme. Mais, il faut le reconnaître, cet ordre est défectueux. L'impôt n'est qu'un échange de services, et conséquemment sa théorie est connexe avec celle de la distribution des ri- chesses.

— Réellement, l'impôt n'est que le résultat d'un
échange tout naturel entre les administrés et les administrateurs : d'un côté on fournit du numéraire,
de l'autre on rend des services, d'où il résulte que
l'impôt est parfaitement légitime. Il faut toutefois
qu'il ne dépasse pas certaines limites[1], et de plus
qu'il satisfasse aux conditions suivantes :

1° La quote-part de l'impôt réclamée à chaque
citoyen, l'époque et le mode du payement, ne sauraient être trop clairement indiqués.

2° Autant que possible, les impôts ne doivent en-
traîner que peu de frais dans leur recouvrement.

3° C'est dans la même proportion que les richesses
de semblable nature doivent être soumises à l'action
du fisc, quelle que soit la fortune de celui qui les
possède.

4° En établissant un impôt, il faut tenir compte
des mœurs, des usages, des susceptibilités de la
nation sur laquelle on doit le prélever.

Qu'appelez-vous impôts directs et indirects?

La pratique de la matière fiscale a conduit les
gouvernements à établir des impôts qui se diversi-
fient à l'infini. Le mode de prélèvement les a fait
distinguer en impôts *directs* et impôts *indirects*.

Les impôts directs atteignent sans aucun circuit

---

[1] Les noms d'*aide* et de *subside*, que l'on donnait autrefois
à l'impôt, montrent qu'alors il n'était jamais perçu que momentanément, qu'avec timidité, et qu'en conséquence sa
légitimité était contestée ; mais on était à une époque de demi-
barbarie.

les profits des industriels et la fortune de chacun.
On les connaît sous les noms d'impôts des patentes,
d'impôts fonciers, etc. Tandis que les impôts indirects ne frappent que certaines marchandises, au
fur et à mesure qu'on les livre à la consommation.

Il semblerait tout d'abord que ces derniers impôts
devraient être préférés, attendu qu'ils ne saisissent
pas, ainsi que les premiers, le produit à l'état d'em-
bryon, mais bien lorsque ce produit est tout formé
et qu'on le réalise. Toutefois, les énormes frais auxquels les impôts *indirects* donnent lieu, et les reproches d'injustice, souvent très-mérités, dont ils sont
l'objet, ont empêché qu'on ne leur donnât l'extension
qui, au premier abord, paraît leur convenir.

*Lorsque l'on met un impôt sur une classe de la
société, cet impôt porte-t-il en entier sur cette classe?*

On aurait tort de le croire. Chaque individu cherche constamment à déverser l'impôt dont on le grève
sur les personnes avec lesquelles il est en rapport,
et le plus souvent il y réussit, au moins partiellement.
En effet, à la naissance d'un impôt direct ou indirect frappé sur un producteur, ce dernier ne manque
pas, pour s'y soustraire, d'élever le prix de ses productions. — Parvient-il de cette manière à faire
retomber toute l'action du fisc sur ceux qui les consomment? Non certes, car une hausse dans le prix
d'un article fait diminuer l'importance de sa consommation; mais toujours est-il que ceux qui con-
tinuent à l'acheter sont atteints par l'impôt, et
qu'ainsi le producteur ne le supporte pas tout entier.

Dans les villes, les propriétaires de maisons ne

rejettent-ils pas en partie sur les locataires l'impôt qui atteint leurs immeubles ?

Il est vrai que la dispersion de l'impôt varie plus ou moins, suivant les diverses industries, suivant que les produits sont plus ou moins essentiels; mais elle est toujours réelle, effective.

Nous ajouterons que la classe pauvre n'est, en général, que momentanément atteinte par les impôts qui semblent devoir la pressurer indignement, parce que d'ordinaire elle s'en décharge sur les capitalistes qui la font travailler. — Il est difficile qu'il n'en soit pas ainsi, puisqu'elle n'a toujours qu'à peu près le strict nécessaire. En vérité, ce n'est jamais sans une lutte qui engendre de pénibles angoisses, de rudes souffrances, que les ouvriers du dernier ordre, lors d'un nouvel impôt qui les lèse, parviennent à obtenir des salaires plus élevés; néanmoins, il faut de toute nécessité qu'on finisse par les leur accorder, autrement ils ne pourraient pas vivre.

Concluons qu'un impôt dont on charge une classe de la société se répartit presque toujours sur les autres classes, suivant une loi d'incidence, il est vrai encore inconnue, mais que cependant il ne serait pas impossible de spécifier dans maintes circonstances.

Dans quelles proportions chacun doit-il payer l'impôt?

Certains économistes pensent que l'impôt doit être perçu proportionnellement aux revenus, attendu que, de cette manière, il est en rapport avec les

services qu'il rend à chacun. Ce mode de répartition nous paraît loin d'être irréprochable. — D'abord
il manque d'équité. En effet, il est des revenus, tels
que ceux de certains capitaux, qui, sans donner
aucune peine à leurs possesseurs, non-seulement ne
peuvent jamais décroître, mais encore doivent
incessamment grandir avec le temps. Peut-on
mettre sur la même ligne, relativement à l'impôt,
les revenus que l'ouvrier tire de son travail? — Ne
sait-on pas qu'à partir d'une certaine époque, ces
derniers diminuent chaque jour, et s'anéantissent
même lorsque l'âge ou la maladie viennent s'appe-
santir sur le travailleur? Sans doute, ces revenus
doivent être atteints par l'impôt, parce qu'ils ne
pourraient être obtenus sans son concours, mais non
pas dans la même proportion que les premiers.

Ensuite un impôt frappé sur les revenus rencontre
de grandes difficultés dans sa perception, car, pour
se rendre un compte exact des revenus de chacun,
il faut pénétrer dans l'intérieur des familles et s'y livrer nécessairement à des perquisitions vexatoires.
— Ajoutons que ce mode d'impôt serait particulièrement antipathique à la France, pays où les propriétaires, se croyant toujours menacés de révolutions,
auraient une répugnance invincible à faire connaître
ce qu'ils possèdent réellement. — Du reste, si ce
système a été appliqué dans quelques États, où les
citoyens ne craignent pas de laisser supputer leur
fortune, et même l'exagèrent quelquefois, il n'a jamais pu s'y établir que momentanément et d'une manière incomplète. Ainsi, en Angleterre, cet impôt,

qui n'y a été admis que transitoirement, n'est payé que par ceux dont le revenu s'élève au moins à deux mille et quelques centaines de francs.

D'après nous, il convient que le fisc atteigne tout à la fois et les revenus de toute sorte des citoyens et leurs capitaux, ou autrement qu'il absorbe en plus grande partie les revenus dus au capital que ceux provenant du travail.

Qu'est-ce que l'impôt progressif?

Dans ce système d'impôt, le fisc, au lieu de prélever exactement sur chacun une même fraction de son capital ou de son revenu, augmente cette fraction à mesure que la fortune du contribuable est plus grande.

On doit l'avouer, l'impôt progressif, que nombre de publicistes regardent comme injuste, en maintes circonstances ne froisse nullement le sentiment public. — S'agit-il de médecins, de chirurgiens, d'avocats, tout le monde admet comme très-convenable que leurs honoraires soient à un taux plus élevé pour le riche que pour le pauvre! — Dans les alliances entre familles opulentes, que de notaires, au lieu de taxer les parties au *prorata* du tarif, réclament une rémunération extraordinaire, ou plutôt se mettent à la discrétion du conjoint, et l'on sait ce que cela veut dire! — Les ecclésiastiques eux-mêmes, pour la plupart des actes de leur ministère, en se référant aux instructions qu'ils reçoivent de l'évêché, et au besoin en s'étayant de l'autorité des plus célèbres prédicateurs, règlent sur la fortune de leurs coreligionnaires le chiffre du casuel qui leur est dû.

11

Il faut cependant le reconnaître, dans les divers exemples que nous venons de citer, il y a plutôt accord tacite entre les échangistes qu'il n'y a impôt, car le riche conserve la faculté de débattre son prix. Mais il n'en résulte pas moins que de plus en plus l'opinion publique semble reconnaître la convenance, l'équité des surtaxes. — D'ailleurs, la ville de Paris elle-même, dans la perception des taxes mobilières, n'a-t-elle pas adopté définitivement le système de l'impôt progressif?

L'avénement de cet impôt jette l'effroi parmi les capitalistes, et ce n'est pas sans raison. En effet, si la proportion dans laquelle chacun individuellement est redevable au fisc reste indéterminée, dans les moments de crise sociale les plus grands abus peuvent en résulter. Sous ce rapport, en se rendant compte du rôle important que joue la sécurité des capitaux dans 'a production de la richesse, on ne peut que déplorer cet avénement, qu'il nous paraît bien difficile de conjurer.

L'impôt progressif serait-il réellement d'un très-grand profit pour le pauvre?

C'est encore douteux. A Paris, aujourd'hui, les logements d'un loyer au-dessous de 200 fr. par an ne payent pas l'impôt mobilier. Croit-on que ce dégrèvement soit tout entier en faveur des locataires? Bien des personnes prétendent, et ce n'est peut-être pas sans motifs sérieux, qu'il profite presque uniquement aux propriétaires, qui élèvent leurs loyers en conséquence; et du reste, le prix excessif des petites locaions l'indiquerait assez. — Ensuite, si le pauvre est moins chargé d'impôts, ne s'ensuivra-t-il pas une diminution dans le prix de ses journées? Ainsi, avec cette nouvelle fiscalité, les pauvres n'obtiendront peut-être pas un salaire plus avantageux, et il serait fort à redouter qu'elle ne contribuât, en effrayant le capital, à paralyser en partie la production, ce qui leur nuirait infailliblement.

Quels sont les meilleurs impôts?

La plupart des impôts ont des avantages et des inconvénients, et c'est le plus souvent en consultant l'esprit, les mœurs et le vœu des populations, que l'on parvient à déterminer le mode de fiscalité qu'elles supportent le moins difficilement.

En Angleterre, on voit sans grande peine des barrières s'établir sur les routes et les ponts pour rançonner les passants, tandis que l'impôt sur les immeubles y est à peine toléré. — En France, au contraire, on a en horreur la taxe du péage, et l'on voit d'un assez bon œil celle qui frappe les propriétés territoriales. — Les octrois rencontrent une opposition formidable chez les Anglais et les Belges; chez nous, au contraire, malgré vingt révolutions successives, ils subsistent toujours.

Il est donc bien difficile de dire *a priori* quels sont pour un peuple les meilleurs impôts, car il faut tenir compte de ses répugnances les plus prononcées. Toutefois, au point de vue le plus général, nous classerons parmi ceux que l'on doit préférer : l'impôt foncier, l'impôt mobilier, les patentes et les douanes; les uns et les autres évidemment prélevés dans de convenables proportions.

Faisons observer cependant qu'une grande variété dans la nature des impôts, surtout lorsqu'ils ne sont pas par trop coûteux à recouvrer, offre, en raison de la théorie des incidences exposée page 178, de notables avantages. Non-seulement elle fait répartir sans trop d'injustice les charges sociales entre les divers citoyens, mais encore, dans l'intérêt de tous, elle permet d'aller puiser, avec une grande facilité, aux sources les plus abondantes et les plus cachées de la richesse.

N'y a-t-il pas en France des impôts que leur exagération ou leur nature doit faire réformer ?

Il en est beaucoup; nous signalerons seulement les suivants, auxquels on peut reprocher tantôt de blesser la justice, tantôt de nuire à la production :

1° L'impôt sur les successions des biens immeubles.

Une succession est-elle ouverte, sans tenir aucun compte du passif, qui parfois dévore une grande partie de l'actif, le fisc prélève toujours les mêmes droits sur les immeubles dont elle se compose. Il y a là une injustice des plus criantes, qui pourrait être facilement évitée, si les héritiers, en réclamant le bénéfice d'inventaire, pouvaient n'être atteints que proportionnellement au capital qui leur adviendrait.

2° L'impôt sur les aliénations d'immeubles.

Cet impôt nuit à la production en raison de ses proportions exagérées. En effet, il est de six pour cent de la valeur de l'immeuble, plus du double décime, et il s'accroît encore d'émoluments attribués à des agents officieux et officiels de toutes natures : courtiers, notaires, huissiers, conservateurs des hy-

pothèques, etc. — Lorsqu'il s'agit d'une expropria-
tion forcée, les frais de vente deviennent même si
considérables, qu'une inscription hypothécaire prise
sur un immeuble de 1,200 à 1,500 francs est presque toujours illusoire. — Ne résulte-t-il pas d'un
pareil ordre de choses que bien des personnes restent forcément propriétaires d'une nature de capital
qu'elles sont souvent incapables de faire valoir? —
Où en serait-on si une pareille fiscalité frappait sur
les valeurs mobilières! Le commerce serait anéanti,
et le travail s'arrêterait presque partout.

3° L'impôt sur les aliénations d'immeubles, et sur
les soultes dans les partages (au point de vue, non de
sa quantité, mais de son mode de fixation).

Cet impôt est proportionnel à la valeur du capital
transmis, et nous prétendons que généralement il
serait beaucoup plus convenable qu'il fût basé sur les
revenus de ce capital, attendu que ceux-ci sont d'une
appréciation bien plus facile.

En effet, suivant que les immeubles se vendent en
gros ou en détail, c'est tantôt un prix, tantôt un autre.
Par raison de convenance, souvent un voisin les
surenchérit follement. Dans un temps de prospérité,
leur valeur est double, triple, de ce qu'elle est pendant une révolution. En outre, dans certaines localités, les transactions en fait d'immeubles sont assez
rares. Toutes ces circonstances sont essentiellement
nuisibles à la facilité de leur évaluation. — Il en est
tout autrement lorsqu'il s'agit de l'appréciation des
revenus. Les immeubles d'un canton sont presque
constamment loués ou affermés, et à chaque instant

les loyers ou fermages sont constatés, soit par le bruit
public, soit par des baux notariés, et viennent témoi-
gner d'une manière décisive dans les expertises que
l'on peut faire. De plus les revenus des immeubles
varient, pendant la même période de temps, dans une
proportion bien plus faible que la valeur de ces immeubles mêmes.

Ajoutons que les impôts sur les successions d'immeubles, qui, d'après la loi, sont proportionnels aux
revenus, ne donnent lieu qu'à peu de procès avec
l'administration de l'enregistrement, tandis que ces
procès[1] sont d'une fréquence extrême lorsqu'il s'agit
de ventes ou de partages d'immeubles.

4° Les impôts prélevés sur le public par les notaires, les avoués, les agents de change, les commis-
saires-priseurs et autres officiers ministériels[2].

---

[1] Ces procès sont d'autant plus regrettables qu'ils sont
tranchés par une magistrature que le gouvernement nomme,
ce qui le fait devenir juge et partie. Ce n'est pas tout : 1° la
jurisprudence qui est en vigueur exclut tous débats oraux,
ce qui empêche les arrêts rendus d'être soumis au contrôle de
l'opinion publique ; 2° ces arrêts, bien que prononcés par un
tribunal secondaire, sont en dernier ressort (les juges de première instance appelés à les rendre s'érigeant, d'après la loi,
mais contrairement à toutes les coutumes, en Cour souve-
raine); 3° en raison de l'impôt du timbre, un insuccès n'est
jamais sans profit pour le gouvernement, qui, en conséquence,
a intérêt à molester le contribuable.

M. Binaut, ancien ministre des finances, déplorait cet état
de choses, et s'il eût vécu plus longtemps, il en aurait fait
justice.

[2] Ce sont de véritables impôts, car les tarifs de ces agents
sont homologués par le gouvernement.

On a calculé que ces impôts se montaient annuel-lement à près de trois cents millions. N'y aurait-il pas certaines réductions à opérer sur les tarifs de quelques-uns de ces intermédiaires, dont les charges ont pris des valeurs si considérables dans ces derniers temps?

Le gouvernement, en rendant au public, par ses dépenses, le numéraire qu'il lui a enlevé par des im-pôts excessifs, lèse-t-il vraiment la société?

Très-certainement. Si le gouvernement prélevait des impôts pour en faire don à quelques personnes qui continueraient à travailler comme précédemment, ce serait déjà une grande injustice; toutefois, il n'en résulterait qu'une nouvelle distribution de la richesse publique. Mais lorsque avec ces impôts il entretient des personnes tout à fait inutiles à la ruche sociale, la perte éprouvée par la nation est incontestable. — Sans doute le numéraire enlevé au public lui est rendu; mais ce qu'on ne lui rend pas, ce sont les produits qu'il a fabriqués, et qui se consomment improductivement.

CHAPITRE XI.

Des emprunts publics.

Les gouvernements n'ont-ils pas encore recours à des emprunts pour acquitter les charges communes?

Les gouvernements, ainsi que les particuliers, recourent aux emprunts, mais ils ne les contractent habituellement qu'au moyen d'une redevance an-

nuelle, afin de rejeter sur les populations futures
une partie des charges qui ne manqueraient pas de
grever leurs administrés ; manière de se procurer des
capitaux, qui, du reste, peut se justifier au point de
vue de la morale.

En effet, chaque année des ponts se construisent,
des canaux se creusent, des chemins de fer s'établis-
sent, des édifices s'élèvent, et toutes ces créations
d'un long service accroissent non-seulement la *richesse
évaluée* et la *richesse d'usage* du moment, mais encore celles de l'avenir. N'est-il pas de toute justice
que les générations futures contribuent aussi au
payement de ces travaux?

*Les emprunts ne sont-ils pas souvent funestes à la
richesse évaluée d'une nation, et par conséquent à sa
puissance?*

Cela dépend presque entièrement de l'emploi que
l'on doit en faire. Telles routes, tels ponts, tels chemins de fer, exécutés par suite d'un emprunt, augmenteront la *richesse évaluée* d'un pays, au lieu de
la diminuer.

*Comment les gouvernements remboursent-ils leurs
emprunts?*

En prélevant chaque année sur les contribuables
une somme supérieure à celle qui est due annuellement à leurs créanciers. Avec la différence entre ces
deux sommes, une caisse dite d'amortissement achète
successivement, au cours du jour, tous les titres de
l'emprunt émis.

Dans ces derniers temps, on a prétendu que, le
numéraire devenant chaque jour de plus en plus

commun, les États emprunteurs devaient attendre
une longue suite d'années avant d'effectuer aucuns
remboursements. Une telle façon de procéder, certes,
offre des avantages, mais il faut alors qu'une nation
soit certaine de pouvoir se dispenser de tout appel
de fonds pendant longues années, car l'amortissement accroît son crédit, et lui permet de négocier ses
titres de rente à un taux moins élevé. Si le gouvernement des États-Unis ne s'était pas toujours imposé
le devoir de rembourser les emprunts qu'il contrac-
tait, jamais il n'aurait pu se procurer, comme il l'a
fait tout récemment, les vingt milliards qui lui ont
permis de maintenir l'Union dans son intégrité.

CINQUIÈME PARTIE.

DE LA POPULATION.

CHAPITRE I.

De la répartition des populations dans chaque pays.

D'après quelle loi peut-on déterminer le chiffre de la population qui se fixera dans un pays?

J. B. Say prétend que la population se mult.plie partout en raison de la quantité des choses produites. Cette opinion est très-contestable. — Ne peut-on pas construire des monuments publics, ouvrir des musées, cultiver des fleurs rares, donner l'essor enfin à mille choses qui charment l'existence, et qui cependant n'ont aucun effet sur l'accroissement de la population? — Smith se rapproche davantage de la vérité en affirmant que la population, dans chaque pays, se proportionne aux subsistances. Toutefois, c'est plutôt aux *moyens d'existence* que l'on y trouve, qu'il aurait dû dire. L'homme vit-il seulement de nourriture? Ne lui faut-il pas encore un abri et des vêtements? — On doit tenir compte, ensuite, de la nature et de la quantité des choses dont il est obligé d'user, suivant les climats sous lesquels il réside [1].

Nous ajouterons, pour être rigoureusement exact, que la population, dans les divers pays, tend plutôt à se proportionner à leurs moyens d'existence qu'elle ne s'y proportionne réellement : car un grand nombre d'individus y vivent souvent dans la misère, n'ayant à leur disposition qu'une partie de ce qu'ils devraient naturellement consommer.

Quelles sont les causes qui, dans chaque pays, tendent à faire accroître la population ?

1° La force productrice de la terre ;

2° La salubrité du climat [2] ;

---

[1] Les nécessités de l'existence, dans chaque pays, varient extrêmement. Minimes dans les Indes, où l'on a à peine besoin de nourriture, d'abri et de vêtements, elles deviennent de plus en plus nombreuses à mesure que l'on s'avance vers le nord. A certaines latitudes boréales, l'indigène est forcé, pour vivre, d'user d'une très-forte nourriture animalisée, de se couvrir de vêtements épais, et d'obtenir artificiellement avec le bois ou la houille la chaleur que le climat lui refuse. — Faisons remarquer encore que les consommations de l'homme, à mesure qu'il progresse en civilisation, deviennent de plus en plus raffinées, et qu'une portion notable des denrées doit subir des modifications qui les transforment en d'autres tout à la fois moins nutritives et plus agréables. — Brillat-Savarin parle même d'un excellent praticien dans l'art culinaire qui trouvait tout naturel que l'on détruisît vingt jambons pour en extraire une cuillerée d'essence.

[2] Un pays qui serait ravagé par les fièvres paludéennes ne pourrait jamais avoir qu'une très-faible population, même lorsque le capital y serait abondant, la terre fertile, et l'indigène pourvu de la volonté la plus énergique et la plus éclairée.

3° L'intensité des efforts du travailleur, son intelligence, et la masse des capitaux qui sont à sa disposition ;

4° L'état permanent de misère d'un partie des indigènes dans un pays riche. On connaît les conséquences du prolétariat.

5° L'action incessante du prêtre et du législateur, qui de mille manières peuvent engager la population à se multiplier.

Nous n'insisterons pas sur les trois premières causes, qui sont évidentes, attendu qu'elles accroissent les moyens d'existence avec lesquels la population se met d'ordinaire en équilibre. Mais nous dirons quelques mots des deux dernières, dont plusieurs économistes contestent l'efficacité. — Sans doute, si nous étions semblables aux animaux, ces économistes auraient raison. Mais aussitôt que l'homme a pu se nantir de quelque force, quand bien même ce ne serait que grâce à la commisération publique, habituellement il accroît par son travail les produits de la terre ou ceux des fabriques, et se crée ainsi lui-même des moyens d'existence.

Certes, il est des circonstances dans lesquelles ce travail est infructueux, mais elles sont rares. — Toutefois, on ne peut disconvenir que c'est en encourageant l'agriculture, l'industrie et le commerce, qui multiplient tout spécialement les moyens d'existence, que l'on accroît avec le plus de facilité et le plus de convenance le nombre des habitants dans chaque contrée. Du reste, cet accroissement ne doit être favorisé que si les nouveaux venus sont prévoyants, assi-

dus, laborieux : car autrement leur arrivée serait un
mal social aux yeux de la science et de la philosophie.

Quelle action les guerres, les épidémies, etc., exer-
cent-elles sur la population d'un pays ?

Elles la diminuent nécessairement : mais lorsqu'elles viennent à cesser, les vides qu'elles ont faits
dans les rangs de la population se remplissent avec une
grande facilité. — En effet, cette population tend immédiatement à se mettre en harmonie avec les nouveaux moyens d'existence ; et si les calamités dont elle
a souffert n'ont pas duré longtemps, ces moyens ne
diffèrent guère de ce qu'ils étaient précédemment.

CHAPITRE II.

Système de Malthus.

Exposez le système de Malthus sur la population,
et indiquez-nous ses erreurs.

Malthus prétendait que la population suivait dans
son accroissement naturel une progression géométrique, alors que son alimentation ne pouvait s'augmenter qu'en progression arithmétique, et qu'en
conséquence on devait avoir recours à des moyens
préventifs, tels que l'institution des couvents, la
chasteté dans le mariage, etc., pour mettre obstacle
à la fécondation humaine. Autrement, suivant ce publiciste, une partie de la population devait nécessairement périr de misère [1].

---

[1] Voici dans quel langage imagé il s'exprimait : « Un
homme qui naît dans un monde déjà occupé, si sa famille ne

Longtemps avant lui, à une ère d'esclavage, dans un temps où le travail était presque déshonorant, Aristote et Platon faisaient intervenir d'affreuses lois pour équilibrer et les moyens d'existence d'une contrée, et le nombre de ses habitants. Mais à notre époque de civilisation, un développement très-rapide dans la population, comme nous le verrons tout à l'heure, ne doit nullement nous inquiéter, et conséquemment il est tout au moins inutile de songer à des procédés préventifs, ou même répressifs, quand bien même la morale la plus pure et la délicatesse la plus scrupuleuse n'auraient aucuns reproches à leur adresser.

Tout d'abord nous dirons que Malthus est dans l'erreur relativement à l'exactitude des progressions qui forment la base de son système. Celle qui est dite géométrique pourrait peut-être s'appliquer à l'espèce humaine, si les instincts de reproduction de l'homme n'étaient jamais influencés, contrariés, modifiés, par le milieu particulier dans lequel il vit, par le travail incessant de sa pensée, et aussi par des causes inhérentes à notre état social. — En effet, tout le monde connait les motifs puisés dans l'ordre moral [1] et reli-

peut le nourrir, si la société ne peut l'employer, n'a pas le moindre droit d'exiger une part quelconque des moyens de subsistance, et il est réellement de trop sur la terre. Au grand banquet de la nature, il n'y a pas de couvert mis pour lui; la nature lui ordonne de s'en aller, et elle ne tarde pas à mettre cet arrêt à exécution. »

[1] Nous rappellerons seulement que, dans des positions de fortune assimilables, le citadin est bien plus porté au célibat que l'homme des champs. Il semble que la foule qui se

gieux, qui tantôt portent l'homme à vivre dans le
célibat, et tantôt le font soupirer après les joies de la
paternité. Ces motifs sont providentiels et indépen-
dants de tous les calculs que l'on pourrait faire pour
régler la population. — Ensuite il est un frein mo-
dérateur créé par la sagesse divine contre l'exubérance de la vie, contre les dangers d'une multiplication trop rapide. Voyez plutôt ce qui arrive pour
les plantes : chacune se maintient dans une réserve
convenable relativement à la place qu'elle occupe sur
la terre, sans qu'on puisse en faire honneur à une
discrétion réfléchie ; et cependant nombre d'entre
elles, si elles n'éprouvaient aucun obstacle, en peu
d'années couvriraient la terre entière. — Il en est de
même des animaux.

Vouloir donc régler la loi des tendances de
l'homme à la propagation, au moyen d'une formule
empirique, nous paraît une prétention inadmissible[1].

presse autour du premier lui fait rechercher avec empressement la solitude dans son intérieur.

[1] La progression géométrique a été relevée aux États-
Unis, où l'enfant est un fonds productif très-important. On peut
se faire une idée de la manière dont la fécondité des femmes
y est stimulée, en sachant qu'une veuve avec six enfants se
marie beaucoup plus aisément que lorsqu'elle n'en a pas.

L'Irlande offre encore un autre exemple de cette progression géométrique; mais, dans ce pays, les instincts de la
reproduction sont très-développés , d'abord par l'action d'un
prolétariat des plus caractérisés, et ensuite peut-être par une
mauvaise entente d'un certain texte de la Bible. Sans doute il
a été dit dans ce livre saint : *multiplicamini* mais il y est dit
aussi : *crescite*, et ce dernier mot (il faut y faire attention)
sert de correctif au premier.

Quant à la progression arithmétique, est-ce que les cultures dont nous tenons les substances nutritives ne sont pas susceptibles d'énormes améliorations ?

Les lacs, les fleuves, les mers, ne nous offrent-ils pas des réservoirs immenses de nourriture qui n'attendent qu'une meilleure exploitation[1] ?

[1] D'après M. Thiers, « l'espace n'est rien. Souvent sur la plus vaste étendue de terre les hommes trouvent de la difficulté à vivre, et souvent au contraire ils vivent dans l'abondance sur la plus étroite portion de terrain. Un arpent de terre, en Angleterre ou en Flandre, nourrit cent fois plus d'habitants qu'un arpent dans les sables de la Pologne ou de la Russie. L'homme porte avec lui la fertilité; partout où il paraît, l'herbe pousse, le grain germe. Allez dans les sables des Landes ou de la Prusse, et dès que vous apercevez des clairières, dans une forêt de sapins, dans ces clairières, des céréales, vous êtes assuré de découvrir bientôt de la fumée, des toits, un village. Ce village est-il considérable, est-ce un gros bourg, le champ environnant est mieux cultivé, plus fertile, produit un meilleur grain. Forcez l'homme à se renfermer dans ce même espace, ce qu'il fait spontanément par le désir de ne pas s'éloigner du lieu qu'il habite, et il trouve à vivre sur la même étendue de terre, quelque nombreux qu'il devienne, uniquement parce qu'en la fécondant par sa présence il parvient à en tirer des produits plus abondants.

« Si donc on pouvait imaginer un jour où toutes les parties du globe seraient habitées, l'homme obtiendrait de la même surface dix fois, cent fois, mille fois plus qu'il n'en recueille aujourd'hui. De quoi, en effet, peut-on désespérer quand on le voit créer de la terre végétale sur les sables de la Hollande ? Et s'il en était réduit au défaut d'espace, les sables du Sahara, du désert d'Arabie, du désert de Cobeh, se couvriraient de la fécondité qui le suit partout. Il disposerait en terrain les flancs de l'Atlas, de l'Himalaya, des Cordillères, et vous verriez la culture s'élever jusqu'aux cimes les plus

Ces progressions, dont la prétendue rigueur mathématique peut imposer au premier aspect, ne sont donc en réalité que de véritables hallucinations d'un philosophe, et n'ont rien en elles-mêmes qui doivent nous effrayer.

Admettons cependant que dans une localité la population puisse être surabondante (ce que nous sommes loin de contester). N'avons-nous pas encore, dans le monde, des espaces immenses sur lesquels elle peut se répandre au moyen d'une émigration bien entendue? — Songeons donc à rendre les hommes de plus en plus laborieux et de plus en plus capables, au lieu de chercher à restreindre leur multiplication, laquelle, en général, est une cause de richesse. Dureste, ainsi que tous les êtres organisés, les hommes procréent d'autant moins qu'ils sont à même de s'alimenter de sucs plus nourrissants, c'est-à-dire qu'ils sont plus riches. — C'est une raison nouvelle pour abandonner Malthus et ses partisans à leurs craintes puériles, puisqu'il suffit, pour les dissiper, de travailler à répandre de plus en plus l'aisance dans les sociétés.

écartées du globe, et ne s'arrêter qu'à ces hauteurs où toute végétation cesse. Et fallût-il enfin ne plus s'étendre, il vivrait sur le même terrain en augmentant toujours sa fécondité. »

CHAPITRE III,

De l'émigration.

L'émigration n'a-t-elle pas le grand inconvénient d'enlever à un pays tout à la fois sa population la plus robuste et une forte partie de ses capitaux?

En quittant leur pays, les émigrés en diminuent, il est vrai, les forces productrices, mais ils ne tardent pas à l'en dédommager d'une manière bien complète. — En effet, comme ils emportent avec eux le goût de ses productions, et comme la terre qu'ils doivent cultiver dans les contrées transatlantiques où ils se rendent habituellement produit des denrées d'une tout autre nature, ils ne manquent pas d'offrir bientôt à leurs compatriotes délaissés un débouché des plus lucratifs.

Le nouveau commerce qui en résulte ne présente aucune mauvaise chance à la mère patrie, et il est même d'autant plus avantageux aux deux parties contractantes [1] qu'il est plus considérable, non-seu-

---

[1] En général, la métropole échange des objets manufacturés contre des matières premières, et nous avons vu combien ce genre de trafic est avantageux pour elle. Ensuite les colons sont eux-mêmes également favorisés : car les produits intertropicaux, n'étant soumis d'ordinaire qu'à une légère concurrence, ce dont on peut juger par leur prix, toujours très-élevé relativement au capital qui sert à les produire, donnent, par l'échange, des profits presque aussi grands que ceux des manufactures. De là ces grandes fortunes qui se font et se sont faites aux colonies.

lement parce qu'il accroît leurs richesses respectives, mais encore parce qu'il donne plus d'activité et plus d'importance à leurs marines.

C'est ainsi que l'Angleterre a pu s'ouvrir d'immenses débouchés dans ses colonies, qui consomment à elles seules presque les trois quarts de son exportation, et diminuer tellement de cette sorte ses frais de fabrication, qu'il devient extrêmement difficile de lui faire concurrence dans la confection des marchandises d'un usage commun.

Lorsque, plus tard, les colonies seront très-peuplées, lorsque leurs capitaux seront devenus très-abondants, et qu'elles pourront se livrer, avec autant de facilité que leurs métropoles, à la fabrication de produits industriels similaires [1], il y aura lieu d'aviser. Mais, dans ce moment, ce n'est pas cette difficulté qu'il s'agit de résoudre.

L'immigration est-elle à craindre pour certains pays?

Lorsqu'une population industrielle et laborieuse arrive dans un pays, généralement il doit s'en féliciter. Mais si elle ne peut trouver de l'occupation, parce qu'elle réclame un genre de travaux qu'on ne peut lui donner, son arrivée est un malheur.

---

[1] Les Grandes-Indes, dans un temps, ont pu lutter, pour la fabrication des cotonnades, avec l'Angleterre. Qui ne sait que les Anglais ont anéanti cette fabrication, au moyen de droits différentiels, malgré leurs prétendues théories libre-échangistes? Nous devons dire cependant que l'absentéisme a encore beaucoup contribué à la destruction de l'industrie indienne.

On a vu, dans ces derniers temps, des classes ouvrières, bien que salariées raisonnablement, s'insurger contre des étrangers qui venaient leur faire concurrence. En agissant de la sorte, elles sauvegardaient, certes, parfaitement leurs intérêts, mais non ceux de la société dont elles faisaient partie.

Tant qu'une population n'est pas surabondante, ce qui peut s'apprécier en même temps et par l'intensité des efforts du manœuvre, et par la comparaison de son salaire avec le prix de ce qui est nécessaire à son existence, un pays n'a qu'à gagner à une immigration convenable de travailleurs. — Il en est toujours ainsi lorsqu'il possède de grands espaces de terrains en friche que l'on peut livrer à la culture. — Et ce furent probablement des considérations religieuses, très-puissantes alors, qui s'opposèrent à ce que Henri IV, d'habitude assez bon juge en matière économique, reçût en France les Maures qui, chassés d'Espagne, demandaient à cultiver les landes de Bordeaux.

CHAPITRE IV.

Des populations agglomérées.

Les grandes agglomérations d'hommes offrent-elles des avantages ?

Elles aident énergiquement au mouvement civilisateur. — Il en est d'un centre de population comme d'une pile voltaïque, dont le degré de puissance est

en rapport avec le nombre des éléments constitutifs
qui la composent. Plus il y a d'intelligences en con-
tact, plus les lumières qu'elles produisent sont écla-
tantes. — Dans un grand centre, l'enseignement est
partout : dans les cours publics, dans les bibliothè-
ques, dans les musées, dans les conversations particulières. Une difficulté est-elle signalée, à la fois
mille esprits investigateurs la scrutent, l'explorent.
C'est ainsi que les sciences et les arts peuvent se
perfectionner et se propager avec rapidité. Parmi ces
derniers nous citerons même l'art théâtral, témoignage, comme on le sait, d'une civilisation très-
avancée, et qui ne peut naître et se fixer que dans
les centres importants.

Ces agglomérations servent encore merveilleuse-
ment à l'accroissement des capitaux d'une nation [1] :

1° Par l'essor qu'elles donnent à son industrie.

Elles mettent à la portée de l'industriel un grand
nombre d'ouvriers ou habiles, ou à même d'acquérir
avec promptitude les diverses connaissances qui pourraient leur manquer. De plus, le prix des marchandises s'y réduit par le chiffre peu élevé des frais
d'attente, de transport et de négociation. Partant,
les objets de fabrique, pouvant y être établis à très-
bon marché, deviennent plus accessibles aux faibles
fortunes, et conséquemment sont produits en grande
abondance [2]. — Ensuite combien de professions et

---

[1] Aussi s'accroissent-ils beaucoup plus rapidement dans les
villes que dans les campagnes.

[2] Entre mille exemples d'industries qui prospèrent tout
spécialement dans les grands centres de population, nous

de métiers ne peuvent être exercés que dans les grands centres ! La pâtisserie, par exemple, ne faut-il pas que ses produits savoureux et délicats soient confectionnés en masse et consommés sans retard ?

2° En faisant naître un luxe qui, s'il ne dépasse pas certaines limites, est, d'après ce que nous avons vu, extrêmement favorable à cet accroissement.

Que les riches se retirent comme autrefois dans des châteaux isolés, tiendront-ils autant à ces magnifiques et coûteux équipages, à ces vêtements de parade, dont la coupe et la disposition n'engendrent le plus souvent que la gêne et l'ennui ? — Or, chaque désir que le luxe provoque, chaque service qu'il réclame, bien entendu dans les limites que nous avons fixées, est l'origine d'un nouveau travail qui accroît le capital national [1], non-seulement en raison des produits qui en résultent directement, mais encore en

---

citerons l'industrie des omnibus, qui pour quinze ou trente centimes vous font parcourir, dans certaines villes, d'énormes distances, et vous rendent un service que l'on payerait à la campagne cinq ou six francs, c'est-à-dire vingt fois plus cher.

[1] Lorsque les moralistes auront réformé la société et fait en sorte que l'homme, dégagé de la matière, puisse se livrer à un travail énergique, opiniâtre, seulement dans le but d'accroître le capital et la population, oh ! alors, nous ne dirons plus qu'on a besoin du luxe pour servir de stimulant au travail. Mais à notre époque, on ne peut se le dissimuler, l'homme, lorsqu'il est au-dessus du besoin, ne travaille que pour se délecter des merveilles de l'art, ou bien encore, malheureusement, pour satisfaire sa vanité et ses appétits sensuels.

raison des logements, des vêtements, de la nourriture qu'il faut aux travailleurs, toutes choses qu'ils ne peuvent consommer sans faire surgir de nouveaux capitaux [1].

3° Par le développement que prend l'agriculture dans les lieux circonvoisins. — En effet, les campagnes qui sont les plus rapprochées de ces agglomérations sont parfaitement placées pour écouler fructueusement leurs lourds et encombrants produits.

4° Par la valeur énorme que prennent les terrains occupés par ces agglomérations.

Il semble d'abord que l'on ne devrait pas porter en ligne de compte cet accroissement de valeur, attendu que, si la population agglomérée dans les villes refluait dans les campagnes, elle ferait enchérir d'autres terrains d'une manière à peu près équivalente. Mais, en y réfléchissant, on reconnaît que cette même population, en se disséminant, ne pourrait exister, parce que ses moyens de subsistance diminueraient avec sa densité, le travail n'étant pas alors assez stimulé.

Les grands centres de population servent donc tout à la fois au progrès des sociétés et à l'accroissement de leurs capitaux.

N'existe-t-il pas aussi des vices inhérents aux grandes agglomérations ?

---

[1] On sait que, relativement aux produits agricoles, la duplication des produits correspond à peu près à un accroissement d'un tiers dans la valeur du fonds productif, et que, par rapport à l'industrie, la duplication des produits fait accroître environ d'un sixième la valeur du même fonds.

Il serait difficile qu'il en fût autrement, car il n'est aucune institution humaine qui soit exempte de vices. Nous ajouterons que les grandes agglomérations en présentent de très-fâcheux.

1° La facilité de satisfaire ses mauvais penchants, l'entraînement de pernicieux exemples, le peu d'importance que l'on y attache à la considération personnelle, font que, généralement, on y rencontre moins de moralité qu'à la campagne.

2° Si les grandes agglomérations d'hommes ont l'avantage de faire diminuer le prix des objets manufacturés, elles élèvent fatalement le prix des aliments au-dessus de celui qu'ils ont dans les campagnes, d'une somme qui se compose et des frais de transport, et de la rémunération d'un certain nombre d'intermédiaires. De plus, ces aliments, passant dans une multitude de mains peu scrupuleuses avant d'arriver aux consommateurs, sont presque toujours déplorablement sophistiqués.

3° En raison de ce qu'elles font monter la valeur des terrains à un taux très-élevé, elles tendent, contrairement à une bonne hygiène, à faire superposer d'une manière exagérée les logements les uns sur les autres, et à entasser les travailleurs dans des locaux de plus en plus étroits. — Dès lors, plus de clos attenant à l'habitation, plus de bon air, plus de résidence convenable.—Les cours même ne sont que les bases de longs tuyaux où ne pénètrent jamais les rayons du soleil, et, en conséquence, que d'affreux petits réceptacles de miasmes putrides.

En réfléchissant à tous ces vices, on se convaincra

12

bien vite, sans avoir besoin de recourir à l'expérience, hélas trop probante, que les grands centres sont un véritable foyer de misère pour la classe ouvrière. Et cette misère s'élève même à un tel paroxysme, lorsqu'ils sont manufacturiers, qu'on a dû la désigner par un nouveau nom, celui de *paupérisme*.

CHAPITRE V.

Du paupérisme.

Caractérisez ce que l'on entend par ce mot : paupérisme.

De tous temps la misère a existé, et il sera difficile qu'elle disparaisse de ce monde tant que les fléaux qui assiégent l'humanité, tels que les incendies, les inondations, les famines, les guerres, les affections morbides, etc., et aussi l'inconduite, ne prendront pas fin. Mais autrefois le mal était passager, accidentel; il ne jetait pas des racines profondes, presque indestructibles, dans certaines localités tristement privilégiées. — Au moyen d'une charité bien ordonnée et de saints dévouements, on parvenait sinon à triompher totalement de la misère, du moins à la rendre supportable. Aujourd'hui, surtout dans les grands centres manufacturiers, cette misère est horrible, repoussante; elle y est endémique, à l'état normal; elle ravage en même temps des classes entières[1], et, loin de faiblir sous les efforts que l'on

[1] D'après M. de Gerando, les indigents forment le 1/6 de

fait pour la détruire, elle semble grandir avec le capital du pays [1].

Fixons, en effet, nos regards sur les grands centres industriels, qu'y voyons-nous? Des hommes, des
femmes, des enfants, qu'une concurrence effrénée
livre à des travaux excessifs [2]; des familles à peine
vêtues, et souffrant du froid, logées dans des bouges [3];
une nourriture malsaine; un salaire la plupart du
temps dérisoire, et presque incapable, suivant l'ex-

la population en Angleterre, le 1/25 en France, le 1/30 en
Allemagne, le 1/35 en Espagne, le 1/40 en Turquie, le 1/100
en Russie.

[1] Voyez la note 11.

[2] On a remarqué qu'en temps de grève, de chômage, c'est-
à-dire dans les moments où l'ouvrier a le moins de travail, et
par suite est soumis à d'extrêmes privations pour toutes les
dépenses relatives à son entretien, il se porte beaucoup
mieux qu'à l'époque où l'industrie suit son cours ordinaire.
Ce fait permet d'expliquer pourquoi la population irlan-
daise, malgré l'abstinence rigoureuse et la diète sévère qui
la tourmentent habituellement, se développe beaucoup mieux
que la classe ouvrière de nos villes, et étonne même le voyageur non-seulement par ses belles apparences de santé, mais
encore par sa santé réelle. C'est que, malgré ses privations
son travail est toujours modéré, et qu'elle est constamment
soumise à l'influence vivifiante de l'air libre et pur des
champs.

[3] Voici ce qu'en dit M. Jules Simon : « Qui ne connaît ces
demeures? Qui n'en a vu? Qui n'a gardé le souvenir d'une de
ces habitations qui font peur, où l'air manque, où la propreté
est inconnue, où l'on ignore la séparation des sexes? C'est là
que l'ouvrier, après son labeur de dix à douze heures par
jour, doit rentrer; jugez s'il peut en avoir le désir! »

pression anglaise, de faire tenir l'âme avec le corps[1];
enfin partout une démoralisation complète.

À l'aspect de souffrances aussi vives, aussi multi-
pliées, et qui diffèrent tellement des misères d'autrefois, on ne peut méconnaître un mal récent, un
vice profond, qui sont inhérents à notre nouvelle
organisation sociale, c'est-à-dire le paupérisme.

CHAPITRE VI.

Des réformes à établir dans les centres de population.

*La plupart des vices que nous venons de reconnaître
comme attachés aux grands centres industriels ne
peuvent-ils pas être réformés ?*

Au moins en grande partie, car pour la plupart ils
ne tiennent qu'à une législation défectueuse, en ce
qui concerne la propriété immobilière, le commerce
et l'industrie. — Déjà, en fait d'immeubles, est-il
juste qu'un propriétaire ait le droit d'infecter, par
des constructions malsaines, tous ceux qui l'environnent? Ne devrait-il pas y avoir appel comme d'a-
bus, lorsqu'en élevant une maison de plus de deux
ou trois étages, on prive le voisin d'air et de lumière ?
Des règlements ne devraient-ils pas s'opposer à la
disparition incessante de ces cours et jardins d'autre-

---

[1] Les rapports de MM. Louis Reybaud, Blanqui, Villermé,
Ducpétiaux, et les monographies de M. Le Play, ont constaté
que le salaire des ouvriers était insuffisant.

fois, si favorables à la salubrité[1]? La terre ne nous
manque pas pour y bâtir. — Sauf quelques spécula-
teurs dont les intérêts nous touchent peu, nous ne
pouvons tous que gagner à cette réforme[2], surtout
avec les facilités de communication, qui deviennent
chaque jour de plus en plus grandes.

Quant au commerce, il suffira de lois plus sévères
pour faire rentrer dans l'ordre ces débitants dont la
fortune s'édifie sur le vol et l'empoisonnement[3].

Reste la question du travail industriel, sans doute
beaucoup plus difficile à résoudre, mais qui cependant n'est pas insoluble. — N'a-t-on pas, aux ap-
plaudissements publics, en France et en Angleterre,
réduit le nombre des heures que les enfants doivent
chaque jour donner à l'industrie où ils sont attachés?
Pourquoi ne continuerait-on pas à entrer dans cette
voie en mettant obstacle à ce que la durée du travail

[1] On répondra que nous mettons obstacle au libre exercice de la propriété. Mais si la propriété a des droits, elle a
aussi des devoirs, et l'on doit faire état des uns et des autres.
Du reste, ne restreint-on pas le droit des propriétaires en les
forçant, dans un but d'ornementation, à construire les façades
de leurs maisons en pierres de taille, d'après tel ou tel mode
architectural? Eh bien, dans l'intérêt de la santé publique,
qui est d'une tout autre importance, on augmentera encore
les servitudes de la propriété. Quoi de plus convenable et de
plus juste?

[2] La vie moyenne est bien plus courte dans les grands centres de population que dans les campagnes.

[3] Alphonse Karr se demande si ce débitant qui vend à faux
poids et dénature sa marchandise doit être distingué du vo-
leur et de l'empoisonneur.

12.

pour les hommes faits[1] franchisse, dans les manufactures, une certaine limite? — Ensuite, n'est-il pas à
remarquer que les travailleurs, en arrivant dans les
grands centres et en y séjournant, changent malheureusement de plus en plus la digne position de petits
chefs d'industrie dans laquelle ils vivaient contre
celle de salariés, ce qui les conduit tout naturellement à vivre au jour le jour, et à devenir, d'exploi-
tants qu'ils étaient, de vraies choses exploitables?
S'il en est ainsi, et personne ne peut le contester,
n'est-ce pas un devoir impérieux pour les gouvernements, que de chercher à rendre les ouvriers à la di-
gnité, à l'aisance, à une plus grande moralité, c 'es
aidant par quelques sacrifices à former des associa-
tions[2] où, fabriquant lui-même ses produits, chaque
travailleur verrait ses profits s'accroître avec ses efforts, et se traduire en épargnes pour les mauvais
jours ?

On ne peut donc se le dissimuler, si, d'un côté,
les grandes agglomérations d'hommes contribuent
d'une manière efficace au progrès de la richesse, d'un
autre, elles mettent obstacle dans ce moment au vé-

---

[1] Extrait du discours prononcé par M. Jules Simon : « J'en
appelle aux souvenirs de tous ceux qui ont visité, à l'époque
du tirage au sort pour la conscription, quelques-uns de nos
grands centres manufacturiers, Lille, Roubaix, Rouen. Pour
ma part, quand j'ai vu les jeunes gens appelés au service
militaire, les bras m'en sont tombés; on croirait voir des enfants malingres sortant d'une école. » (C'est vrai ! c'est vrai !)

[2] Voyez le nouveau *Traité d'Économie politique* de M. Vil-
liaumé, troisième édition, où ce sujet est traité avec tous les
développements qu'il comporte.

ritable bien-être de la classe la moins favorisée de la société.

Bien que nous ayons proposé divers moyens pour remédier à cet état de choses, nous sommes loin de croire à leur complète efficacité, et nous appelons sur ce sujet les méditations de tous les économistes. — Toutefois, on ne nous refusera pas d'avoir élucidé quelque peu les questions qui se rattachent à la disparition de cet affreux cancer social que l'on nomme le *paupérisme*. C'est nous qui pour la première fois avons démontré que l'accroissement des capitaux d'un pays peut très-bien correspondre à la diminution de sa *richesse d'usage*, et qu'ainsi il ne s'agit pas uniquement pour un peuple de chercher à accroître ses capitaux.

Quelles doivent être les tendances d'une population qui aspire au progrès?

Un grand bien-être étant le but qu'une population doit chercher à atteindre, et ce bien-être ne pouvant être obtenu sans l'indépendance, qui n'est qu'une émanation de la puissance nationale, il faut que cette population fasse tous ses efforts :

1° Pour s'instruire et se moraliser. — En effet, sans l'instruction et la morale, qui sont les premiers liens sociaux, il n'y a plus ni droits ni devoirs; il ne reste que la raison du plus fort, ou autrement la barbarie.

2° Pour augmenter autant que possible ce que nous avons appelé sa *richesse d'usage*. — Nous avons dit, il est vrai, que les *richesses d'usage* moyennes des divers peuples différaient peu entre elles, mais ce n'était que comparativement aux différences qui existent entre leurs *richesses évaluées* [1].

3° Pour devenir puissante ; ce à quoi elle arrivera en s'accroissant convenablement en nombre, en développant ses forces physiques et en augmentant sa *richesse évaluée*. — Nous ferons observer que, dans un pays en possession d'une grande *richesse évaluée*, chaque habitant est moyennement à la tête d'un capital important, ce qui lui donne une grande action et sur le travail de tous les hommes du globe et sur les choses qu'ils produisent. N'est-ce pas là le bonheur matériel au suprême degré? — Malheureusement, à notre époque, on n'est parvenu à ce résultat dans divers pays qu'en sacrifiant le bien-être des dernières classes de la société, et c'est ce que l'on ne peut trop déplorer.

CHAPITRE VII.

De la rente foncière [2].

Quelle est l'origine de la rente foncière?

Cette rente tire son origine tout à la fois de l'appropriation des terres d'un pays et du petit nombre de ces terres, relativement à celui de ses habitants.

---

[1] En Irlande, par exemple, la *richesse d'usage* moyenne est bien plus faible que partout ailleurs.

[2] Nous avons préféré traiter ici de la rente foncière plutôt que dans la troisième partie de ce Catéchisme (ch. xxii, *Du revenu des divers capitaux*), en raison de l'étroite corrélation qui existe entre ce sujet et celui de la population.

Hors de là, point de rente possible. Mais dans ces conditions tous les champs, quelque ingrats, quelque siliceux qu'ils soient, donnent lieu à une rente. — En effet, il suffit qu'il y croisse un peu d'herbe pour que le bétail la broute ; alors, les frais de pacage étant très-minimes par rapport au produit brut, il en résulte d'ordinaire un produit net, c'est-à-dire une rente.

A surface égale, un terrain maigre donnera une plus faible rente qu'un terrain moins rebelle aux efforts du travailleur; néanmoins la rente foncière existera tout aussi bien pour l'un que pour l'autre.

Chez les sauvages, le sol étant une richesse gratuite, puisqu'il n'est ni approprié, ni limité, n'est pas plus apte à produire de la rente que l'eau, l'air, les rayons du soleil, etc. — Dans cette appréciation de la rente, nous considérons toujours la terre qui y donne lieu comme une marchandise ayant une valeur capitale, inséparable de tous les capitaux qui y ont été enfouis précédemment, et qui valent peut-être dix et cent fois plus que la valeur primitive du sol.

La rente fait-elle accroître le prix des subsistances ?

On l'a cru longtemps, mais à tort.

En effet, si les fermiers devenaient partout propriétaires, quels seraient les nouveaux motifs qui feraient modifier l'offre et la demande relativement aux produits de la terre ? Évidemment il n'y en aurait aucun, attendu que les fermiers s'appliqueraient à eux-mêmes la rente foncière. Les subsistances, dans ce nouvel ordre de choses, resteraient donc au même prix.

Quelle est l'action exercée par la hausse de la rente sur les modes de culture et sur la population ?

Nous avons déjà dit que l'homme, dans ses besoins de nourriture, avait défriché d'abord les montagnes, puis ensuite les vallons. A mesure que le flot de la population montait, la viande renchérissant de plus en plus, il fut facile de s'apercevoir que, si l'on revenait presqu'en arrière en convertissant nombre de terres labourées en pâturages, la rente ne manquerait pas de s'élever avec rapidité, non pas précisément parce que les nouveaux produits seraient d'un prix plus élevé que les anciens, mais bien parce qu'on pourrait remplacer une multitude de cultivateurs par quelques familles de pâtres, et diminuer ainsi de beaucoup les frais généraux.

Un tel mode d'exploitation a exigé fatalement que, dans certaines contrées, on expulsât de vive force des milliers [1] de familles qui depuis un temps immémorial s'y succédaient de père en fils. — C'étaient là de douloureuses, de terribles exécutions à entreprendre; mais, pour apaiser la soif de l'or, que de malédictions ne brave-t-on pas ! — Toutefois, il est pénible de l'avouer, en agissant de la sorte on marchait d'accord avec ce qu'on doit appeler le progrès, attendu qu'avec le même travail on pouvait nourrir un plus grand nombre d'individus. Aussi ces exécutions se sont faites, se font, et se feront encore da-

---

[1] C'est ce qui est arrivé en Ecosse.

vantage à mesure que le prix de la main-d'œuvre et celui de la viande s'accroitront; mais on devrait en adoucir l'inhumanité autant que possible en y procédant de la manière la plus bienveillante.

Il ne faut pas cependant se le dissimuler, les économistes se sont souvent par trop attachés à faire augmenter la *richesse évaluée* dans chaque industrie. Ils auraient dû tenir compte davantage de la *richesse d'usage* des ouvriers, considérée sous toutes ses faces : bon air, habitation saine et spacieuse, travail modéré, etc., et ne pas admettre toujours comme un progrès l'accroissement de la *richesse évaluée* publique, alors même que cet accroissement n'a été obtenu qu'en sacrifiant le bien-être d'une classe aussi intéressante de la société.

CHAPITRE VIII.

De l'abondance ou de la rareté des aliments, relativement à l'accroissement de la population.

Les aliments deviennent-ils plus rares à mesure que la population augmente?

Lorsque les terres ont une grande étendue relativement au nombre des individus qui vivent de leurs produits, la nourriture s'obtient d'ordinaire avec abondance et à bas prix, comme il est facile de le constater en Russie et aux États-Unis. Dans de telles circonstances, la population augmente avec rapidité, et la nourriture deviendrait chaque jour moins commune si, d'une part, l'homme n'accroissait incessamment son capital et son travail, et si, d'une autre part, il ne dirigeait plus particulièrement ses efforts vers les cultures les plus avantageuses, celles du froment et de la pomme de terre, par exemple.

Mais il faut payer l'intervention du capital et le surcroît de travail. — De là le renchérissement des aliments, bien qu'ils soient toujours en aussi grande abondance, relativement à la population. — Ils peuvent donc parfaitement s'élever de prix, non parce qu'ils deviennent plus rares, mais parce qu'il faut rémunérer les nouveaux agents dont on s'est servi pour accroître la production des substances alibiles [1]. Du reste, les statistiques agricoles de la France et de maints autres pays démontrent qu'en moyenne, la portion des céréales qui maintenant incombe à chaque contrée, relativement au nombre de ses habitants, n'a jamais été plus considérable.

[1] M. 'i.p. Passy a constaté que dans une période de cinquante ans le prix des céréales est resté stationnaire en France, malgré l'accroissement de la population et la diminution de valeur du numéraire. Ce résultat n'a rien d'incompatible avec la théorie que nous avons exposée, et peut facilement s'expliquer. Il suffit, pour qu'il en soit ainsi, que les céréales produites pendant cette période aient été assez abondantes pour dédommager l'agriculteur non-seulement de son travail plus ardu, mais encore du capital qu'il a dû engager dans ses terres pour les féconder. Et c'est ce qui est arrivé dernièrement en France, à la suite des améliorations agricoles qui ont eu lieu. — Certes, les prix ne dépendent pas de l'offre et de la demande; mais on peut jusqu'à un certain point en appréciant les causes de l'offre et de la demande, préjuger des prix qui doivent en résulter.

Ces mêmes statistiques témoignent aussi, il est vrai, que le poisson, le gibier, la viande de boucherie, le logement, le chauffage, etc., sont tout à la fois et plus chers et plus rares. Mais il n'en résulte pas pour cela qu'il y ait une insuffisance générale. Une partie de la société, grâce à l'énorme accroissement du capital, grâce à l'augmentation des émoluments, traitements et honoraires, a vu son aisance en toutes choses grandir sans cesse. Toutefois on ne peut en dire autant des dernières couches sociales.

Généralement, la rémunération de l'ouvrier n'a suivi que de trop loin l'augmentation du prix de tout ce qui est essentiel à l'existence, surtout si l'on considère le logement, la nourriture animale, et l'usage d'un air salubre, bien que son travail n'ait fait que croître souvent d'une manière immodérée, en durée et en intensité. — Sans doute il n'a peut-être jamais eu à sa disposition autant de céréales et d'objets de fabrique qu'il en a aujourdhui ; mais autrefois, indépendamment de son salaire habituel, le journalier avait un enclos qui lui rapportait des fruits et des légumes et lui permettait de nourrir un porc ; son habitation était suffisamment spacieuse ; la plupart des villages possédaient des communaux sur lesquels pacageaient à son profit une chèvre ou une vache ; enfin, le chauffage lui était fourni gratuitement par la forêt voisine. — Hélas ! toutes ces facilités de l'existence ont disparu à l'avènement des centres manufacturiers, et nous avons déjà fait toucher au doigt cette plaie sociale qu'on nomme le *paupérisme*, et qui est venue le frapper.

13

On dira peut-être que nous sommes entré dans trop de développements sur ce qui concerne la population ; mais elle est la matière vivante de *l'Économie politique;* c'est par la population et pour la population que tout se crée ; son étude doit donc comporter un cadre des plus étendus.

¹ Walter Scott se lamente de ce que chaque manœuvre n'a plus, comme autrefois, sa vache, son porc et son enclos.

M. H. Passy a mis au jour divers documents qui semblent établir qu'aujourd'hui, en France, le salaire des ouvriers est équivalent à huit litres de froment, tandis qu'il ne valait autrefois que six litres de cette céréale. Mais a-t-il tenu compte de tous les avantages dont ces ouvriers jouissaient autrefois, et dont nous donnons le détail?

NOTES

—

Note 1, page 28.

LA RICHESSE ÉVALUÉE EST TRÈS-DISTINCTE DE LA RICHESSE D'USAGE.

La différence entre la *richesse évaluée* et la *richesse d'usage* résulte encore des considérations suivantes :

1° La *richesse évaluée* des peuples ne diffère que très-peu de la valeur des capitaux[1] qu'ils possèdent, tandis que leur *richesse d'usage* dépend, entre autres choses, et du produit brut annuel, et du chiffre de la population. —Or, la valeur des divers produits bruts, dans la plupart des industries, n'a aucun rapport avec le capital de ces industries. En effet, si, dans l'agriculture, le produit brut est d'environ le dixième du capital, ce même produit brut, pour une mine de charbon de terre, bien souvent équivaut au capital de cette mine, et même le dépasse.

Il en résulte que, si, par exemple, une société de mille travailleurs propriétaires d'une houillère gagne en l'exploitant un million de francs par an, un million étant en même temps la valeur capitale de la mine et celle de son produit brut, cette société, à égalité de *richesse d'usage*, aura un capital bien inférieur à celui d'une société de mille cultivateurs qui

[1] Pour obtenir la *richesse évaluée* d'une nation, il faut ajouter la valeur de sa réserve annuelle à la somme de ses capitaux.

posséderaient et feraient valoir des domaines dont le produit brut serait également d'un million, attendu que ces cultivateurs, en raison de ce qui a été dit ci-dessus, seraient à la tête d'un capital de dix millions.

Quelle disparité, dès lors, entre les *richesses évaluées* de ces deux sociétés, qui comprennent le même nombre d'individus et ont la même *richesse d'usage !*

2° Considérons une commune habitée par mille personnes se livrant à des travaux agricoles, et possédée exclusivement par l'une d'elles, qui, sans distinction, partage entre toutes son revenu net, s'élevant à cent mille livres de rentes, le produit brut (y compris, bien entendu, ce revenu net) étant trois fois aussi considérable. — Dans cette hypothèse, chacun a moyennement 300 fr. de revenu, et une *richesse d'usage* relative à ce chiffre, tandis que la *richesse évaluée* de la commune, sur le pied de 5 p. 100 du revenu net, se monte à 2 millions de francs. — Maintenant, si le propriétaire de cette commune, au lieu de partager son revenu entre tous ses tenanciers, comme nous l'avons supposé ci-dessus, en donne la plus grande partie, 90,000 fr., par exemple, à des musiciens, à des baladins, qu'il fera venir chez lui, comme gai passe-temps, la *richesse évaluée* totale restera toujours la même, tandis que la *richesse d'usage* moyenne de chaque habitant diminuera de près d'un tiers. Nouvelle preuve de la différence entre la *richesse évaluée* d'un pays et sa *richesse d'usage*, car, dans ce cas, la première reste constante, tandis que la seconde varie d'une manière très-sensible.

3° Si la classe ouvrière d'un pays était exploitée
de telle sorte qu'elle fût forcée de se contenter de
salaires très-réduits, il serait possible que par cela
même ce pays se rendît maître de la plupart des marchés étrangers et acquît une énorme *richesse évaluée*,
richesse qui pourrait n'appartenir qu'à quelques familles. — Or, si, dans la distribution annuelle de
leurs revenus, ces quelques familles, en vivant mes-
quinement, s'entendaient pour ne donner à leurs
salariés qu'une rémunération minime, la *richesse
d'usage* moyenne de chacun serait très-faible, et cependant la *richesse évaluée* publique pourrait être
énorme.

4° Un pays rongé par la plaie de l'absentéisme,
c'est-à-dire qui appartiendrait presque tout entier à
des capitalistes résidant à l'étranger (pays que nous
pouvons assimiler pour cette cause à une nation vaincue et tributaire ne possédant rien en propre), n'a
par suite presque aucune *richesse évaluée*. Cependant
le peuple qui l'habiterait n'en aurait pas moins une
certaine *richesse d'usage* provenant de la rémunération de son travail.

5° Dans une contrée où les propriétaires du sol
redoutent à tout instant qu'on ne leur enlève leurs
propriétés, il peut y avoir encore une certaine *richesse d'usage*. Mais il n'y a jamais qu'une infime
richesse évaluée, car cette richesse ne se développe
qu'avec la sécurité.

6° Telle contrée sera pauvre en *richesse évaluée*, et
cependant ses habitants pourront avoir une très-
grande *richesse d'usage*, si la nourriture, le chauffage

et l'habillement, grâce à l'heureuse influence du climat, s'obtiennent presque sans efforts.

7° La *richesse d'usage* dépend principalement du rapport entre la quantité des produits annuels et le chiffre de la population (la distribution des richesses étant supposée faite par tous pays de la même manière). Dans l'appréciation de la *richesse évaluée*, il faut tenir compte du prix des produits, de leur quantité, de l'état du crédit, etc. Il doit donc y avoir nécessairement une différence bien caractérisée entre ces deux espèces de richesses.

8° Nous terminerons par le fait suivant, relaté dans les *Voyages* de Humboldt :

« Au pied des montagnes du Mexique, des populations considérables vivent dans une grande aisance (*richesse d'usage*) en se contentant de remuer légèrement la terre à l'entour des bananiers qui les nourrissent. Et cependant ces populations n'ont qu'une très-faible richesse » (*richesse évaluée,* veut-il dire).

Note 2, page 31.

RAPPORT DE LA PUISSANCE DES PEUPLES AVEC LEURS CAPITAUX.

Nous savons que le travailleur, considéré tout à la fois comme capitaliste, directeur, employé et ouvrier[1], gagne des sommes diverses suivant le pays qu'il habite, suivant les industries auxquelles il se livre, et que dès lois, avec le même capital, les peuples sont susceptibles d'avoir des forces de reproduc-

---

[1] Voyez pages 80 et suivantes.

tion différentes. — Or donc, si l'on veut apprécier
plus exactement que nous ne l'avons fait les puissances respectives de ces peuples, il est essentiel d
tenir encore compte, dans leur *richesse évaluée*, des
revenus plus ou moins grands qu'ils doivent à l'action
de leurs forces reproductrices pendant la durée pré-
sumable d'une guerre. Avec ce correctif, le degré de
la puissance des peuples est assez fidèlement indiqué
par leurs *richesses évaluées*, bien entendu en ne faisant pas entrer en considération les aptitudes guerrières de ces peuples et les avantages particuliers de
défense qu'ils doivent ou sol sur lequel ils résident.

On peut encore objecter que, les marchandises
ayant des prix différents chez deux nations possédant
le même capital, ces deux nations n'ont pas le même
pouvoir d'acquisition, et en conséquence la même
puissance. Mais cette objection n'est pas sérieuse. —
En effet, il n'y a d'autre différence entre le prix des
marchandises dans les diverses localités que celle
qui résulte des frais de transport et de négociation.
Or, comme chaque pays a sa spécialité relativement
aux produits qu'il livre au monde, il est supposable,
jusqu'à un certain point, qu'il y a compensation dans
ces frais. — De plus, si l'on réfléchit que les armes et
toutes les espèces d'engins meurtriers ont à peu près
le même prix partout, et qu'il en coûte autant à
chaque nation pour faire vivre ses troupes en pays
étrangers, amis ou ennemis, on doit en conclure qu'en
faisant le seul correctif dont il a été parlé ci-dessus,
les *richesses évaluées* de deux peuples sont assez
bien en rapport avec leurs puissances respectives.

Note 3, page 33.

APPRÉCIATION DE LA RICHESSE DES PARTICULIERS.

La richesse des particuliers ne peut être appréciée exactement ni par leurs capitaux ni par leurs revenus considérés isolément.—En effet, si, pour déterminer la fortune d'un particulier, on doit évaluer uniquement ses meubles et immeubles, souvent on classera parmi les pauvres un habile industriel gagnant chaque année 15,000 à 20,000 fr., qu'il dépensera au fur et à mesure qu'on les lui payera.

Cette méthode est donc inexacte pour juger de la fortune des particuliers. — Celle qui consiste à comparer leurs revenus n'est pas meilleure, car tout le monde sait qu'une même somme en espèces, suivant l'industrie où elle est placée, rapporte des revenus différents. Pour apprécier la richesse des particuliers, il faut absolument tenir compte à la fois et de leurs capitaux et de leurs revenus.

Note 4, page 36.

PROPORTIONNALITÉ ENTRE LA RICHESSE ÉVALUÉE DES PEUPLES ET LA PUISSANCE DONT ILS DISPOSENT.

Nous avons dit que les *richesses évaluées* des peuples mesurent l'action qu'ils sont susceptibles d'exercer à l'entour d'eux sur les personnes étrangères et sur les choses ; nous pouvons ajouter que ces richeses mesurent encore à peu près l'action qu'ils sont susceptibles d'exercer sur leurs nationaux et sur les choses nationales. En effet, d'un pays à l'autre, le prix de ces dernières ne diffère tout au plus que des frais de transport et de transaction. — Ensuite, si dans chaque pays il est des marchandises chères, il en est aussi d'autres qui sont à bon marché, ce qui établit une sorte de compensation. Voyez, en effet, les pays agricoles : là, les marchandises manufacturées sont à très-haut prix, et les céréales à bon marché ; tandis que c'est l'inverse que l'on remarque dans les pays manufacturiers.

Quant aux nationaux, si les salaires sont plus faibles dans les pays pauvres, ce qui semblerait donner une plus grande action à leurs capitaux, le travail qui en résulte, à dépense égale, est beaucoup moindre que chez les peuples riches et civilisés. (Voyez page 77.) Ainsi, un même capital exerce à peu près une action semblable dans chaque pays et sur ses habitants, et sur l'ensemble des choses qu'ils possèdent.

Note 5, page 84.

NOMBRES STATISTIQUES EXTRAITS DES DOCUMENTS OFFICIELS.

1852. AGRICULTEURS : Produits réels, 5 milliards de francs; 20 millions de travailleurs.

1851. RÉUNION DE TOUTES LES INDUSTRIES TEXTILES : Produit total, 1,615 millions de francs; matières premières, 1,037 millions de francs; produits réels, 578 millions de francs; travailleurs, 970,000.

1856. INDUSTRIE DES COTONNADES : Produit total, 410 millions de francs; matières premières,

261 millions de francs ; produits réels, 155 millions ; travailleurs, 244,000.

1847. Industrie des lainages : Produit total, 473 millions de francs ; matières premières, 335 millions de francs ; produit réel, 138 millions de francs ; travailleurs, 144,000.

1852. Industrie de la houille : Produit sur le carreau, 47 millions de francs ; travailleurs, 35,000.

1852. Industrie de la soie : Produit total, 406 millions de francs ; matières premières, 233 millions de francs ; produits réels, 173 millions ; travailleurs, 105,000.

1854. Orfévrerie, Joaillerie de Paris : Produits réels, 85 millions de francs ; travailleurs, 20,000.

Note 0, page 85.

LE PROFIT QUE L'ON TIRE DE L'AGRICULTURE, A ÉGALITÉ DE CAPITAL, EST MOINDRE QUE CELUI DONNÉ PAR L'INDUSTRIE.

(Extrait d'un discours prononcé par l'auteur au Congrès de Bruxelles.)

Entrons, je vous prie, dans le détail d'une houillère qui donne un revenu net de 100,000 francs par an, et ouvrons ses livres :

Un gérant appointé annuellement à 20,000 fr.
Un conseil d'administration, id. à 12,000
Un ingénieur, id. à 8,000
Un médecin, id. à 2,000

Un maître d'école, id. à. . . . . ¨ ¨ ¨ ¨ 2,000
Un bureau de correspondance à Paris
id. à 10,000

Le tout sans y comprendre une quantité de maîtres, contre-maîtres, écrivains, voyageurs, journalistes même, également bien rétribués.

Comparons maintenant cette administration à celle d'une commune entièrement livrée au travail de la terre, et dont le revenu net s'élève au même taux de 100,000 francs. — Tout d'abord vous constaterez dans cette commune l'absence de ce nombreux et coûteux état-major ; et si vous y trouvez un maître d'école, à coup sûr il sera payé par l'État. — De plus, chaque ouvrier agricole ne touchera guère que la moitié des salaires affectés aux ouvriers mineurs

N'en faut-il pas conclure, Messieurs, en faisant la part de chacun des intéressés, que, pour le même revenu net, l'industrie houillère se montre large et généreuse, tandis que l'agriculture est d'une parcimonie et d'une lésinerie incontestables ? — Nous ajouterons qu'une exploitation rurale exige une telle assiduité dans les travaux, une telle réserve dans les dépenses, que généralement, si l'on a reçu une éducation libérale, à coup sûr on se ruine quand on veut faire cultiver ses domaines par des journaliers.

Ce que nous avons dit des houillères s'appliquerait à nombre d'autres industries. Ainsi, Messieurs, il n'est pas besoin de recourir aux statistiques officielles pour constater la supériorité de ces industries sur l'agriculture sous le rapport de la rémunération des travailleurs.

M. le baron Dupin, dans son remarquable livre *Des Forces commerciales et industrielles de la France*, à la suite de calculs trop longs à rapporter, conclut dans le même sens. D'après lui, la force d'un individu moyen est représentée, en France, dans l'industrie par 8, et par 5 seulement dans l'agriculture.

Note 7, page 101.

LE LIBRE-ÉCHANGE, DANS DES CAS EXCEPTIONNELS, PEUT FAIRE DIMINUER LA RICHESSE D'USAGE.

Il est exceptionnellement certaines circonstances dans lesquelles le libre-échange peut faire décroître tout ensemble et le bien-être et la *richessse évaluée* d'une nation, et, conséquemment, doit être remplacé, même lors d'une paix constante et générale, par la protection. — Ainsi, lorsqu'un peuple producteur de grains (marchandise dont le transport est très-onéreux, en raison du poids, de l'encombrement et de la chance d'avarie) est obligé de les envoyer au loin pour obtenir en retour, par exemple, des étoffes en coton, dont le déplacement ne modifie que faiblement la valeur première, il est possible qu'il y ait bénéfice pour lui à fabriquer cette dernière espèce de marchandise à un prix supérieur à celui de l'étranger. La raison en est simple : le produit agricole, en se consommant sur place, vu l'accroissement des consommateurs provenant de la nouvelle fabrication, peut fort bien prendre une telle plus-value, qu'avec ce même produit agricole on se procure parfois une plus grande quantité des étoffes dont il est parlé ci-dessus qu'en expédiant forcément (de par le libre-échange) son blé à grande distance.

La protection, dans ce cas, qui n'est pas aussi exceptionnel qu'on pourrait peut-être le croire, favoriserait donc en même temps et l'accumulation du capital et l'accroissement du bien-être.

Note 7 bis, page 105.

OPINION DE NAPOLÉON Ier SUR LE LIBRE-ÉCHANGE ENTRE LA FRANCE ET L'ANGLETERRE.

(Extrait du *Mémorial de Sainte-Hélène*, par Las-Cases)

« Nous avons à présent le secret du traité de commerce de 1786. La France crie encore contre son auteur. Mais les Anglais l'avaient exigé sous peine de recommencer la guerre. Ils voulurent m'en faire autant, mais j'étais puissant et haut de cent coudées : je répondis qu'ils seraient maîtres des hauteurs de Montmartre que je m'y refuserais encore, et ces paroles remplirent l'Europe. Ils en imposeront un aujourd'hui, à moins que la clameur publique, toute la masse de la nation, ne les force à reculer ; et ce servage, en effet, serait une infamie de plus aux yeux de cette même nation, qui commence à posséder aujourd'hui de vraies lumières sur ses intérêts. »

Si les temps sont changés, si maintenant notre industrie est plus à même de se défendre, les principes ne se sont pas modifiés.

Conclusions de l'enquête faite en 1825 par le gouvernement anglais.

« L'enquête s'applique surtout à établir que le change est toujours en faveur de l'Angleterre. Elle se fonde sur ce que ses importations, quand elles ont été manufacturées, lui rapportent par leurs exportations *quatre fois* ce qu'elles lui ont coûté, et qu'il y a par conséquent un payement régulier en or fait par le *monde entier* au pays.... Si nous n'avions pas besoin de grains, continue l'enquête, tout l'or et l'argent du monde tendraient à venir dans ce pays, et l'on ne voit pas comment les peuples du continent *continueraient à vivre*. On ne sait pas ce qu'ils deviendraient sans les vins et les autres articles qui viennent ici pour la consommation. — Quand ils ne peuvent pas s'acquitter envers nous avec leurs produits, et qu'il deviennent trop pauvres, *nous leur prêtons*. »

Peuples, vous voilà prévenus! C'est l'Angleterre qui se charge de vous initier aux conséquences du libre-échange international.

Par le libre-échange aussi bien que par les armes, on peut arriver à rendre des nations tributaires.

Il y a peu de temps, ce n'était qu'à la suite d'une invasion à main armée dans un pays qu'il était possible de le soumettre à un tribut. Aujourd'hui ce moyen est suranné; l'adresse, le savoir-faire, les voies de douceur, se sont substitués à la violence; on semble même être arrivé, en imposant une telle

charge, à faire acte de bienveillance et d'humanité.
— Voici comment les choses se passent. — Un peuple, s'il est habile, use des errements économiques
que sa constitution spéciale fait le mieux tourner à
son profit. Il ne craint même pas de propager chez
les étrangers tous ceux dont l'application doit leur
être funeste. De cette façon il donne un souverain
essor à ses manufactures, à son commerce, à sa marine, que nous savons être des industries lucratives par excellence, et il amasse d'immenses richesses
qui ne manquent pas d'exciter une noble émulation
chez les nations voisines; mais l'industrie qui naît
réclame de toute nécessité des capitaux, et à qui
s'adresser pour les obtenir, si ce n'est au peuple qui
les possède? C'est alors qu'on les prête à ces nations
en stipulant des intérêts élevés, et qu'elles deviennent
réellement tributaires sans déclaration de guerre,
sans effusion de sang.

Admettons comme incontestable qu'un peuple en
voie de prospérité peut être éminemment utile à ses
voisins, quand ce ne serait que pour leur prêter des
fonds; toutefois portons un œil vigilant sur les
mesures qu'il emploie pour les acquérir; et ne souf-
frons pas que ce soit à nos dépens. — Aussi, lorsqu'on nous proposera des traités de commerce, ne
nous laissons pas égarer par des théories creuses et
ubversives, même quand elles seraient patronnées
par des talents reconnus — mais séduits, par de
hauts fonctionnaires convaincus — mais égarés. —
Craignons qu'on ne cherche à nous ravir des richesses que plus tard nous ne pourrions retrouver qu'en

payant un tribut honteux, car il serait le châtiment de notre ignorance.

Note 8, pages 112 et 124.

POUR ACCROITRE LA RICHESSE ÉVALUÉE D'UN PAYS, LA PROTECTION DES MANUFACTURES PARFOIS PEUT ÊTRE NORMALE.

(Extrait d'un discours prononcé par l'auteur au Congrès de Bruxelles.)

Nous avons vu, Messieurs, que pour accroître les capitaux d'un pays il était souvent nécessaire de protéger certaines industries ; nous établirons encore que cette protection peut parfois être normale ; et dans cette démonstration nous nous servirons d'exemples puisés en Angleterre et en France.

Le bon marché dans les fabrications tient à nombre de causes. Nous signalerons les principales : 1° le faible loyer des capitaux ; 2° la grande quantité des débouchés ouverts aux marchandises fabriquées ; 3° les aptitudes que depuis longtemps les ouvriers ont su acquérir ; 4° la proximité des matières qui entrent dans la fabrication d'un objet, et généralement la facilité des transports ; 5° le milieu où les producteurs travaillent, milieu où leurs facultés prennent chaque jour un nouvel essor.

Où trouver, Messieurs, d'aujourd'hui à une époque très-éloignée, une contrée où les capitaux pourront lutter de bon marché avec ceux de l'Angleterre? — Dans cette île, ils sont immenses ; et, de par la constitution et les mœurs nationales, ils appartiennent, et ils appartiendront pendant nombre d'années encore, à un petit nombre de personnes fort riches, non-seulement très-compétentes pour juger les grandes entreprises, mais encore capables de les fonder et de les diriger.

Quelle différence avec la France, pays cependant d'aisance générale, mais où les grands capitalistes sont rares, très-sollicités, et tout à la fois inintelligents, peureux et défiants! — Ensuite, Messieurs, le capital ne doit-il pas longtemps exiger sur le continent, où tout le monde s'effraye de l'avenir, un intérêt plus élevé que chez les Anglais, qui n'ont rien à redouter du volcan qui semble nous menacer?

De cet état de choses il découle qu'en fait de capital obtenu aisément et à bas prix, l'industriel trouve, et trouvera pendant longues années encore, beaucoup plus de ressources en Angleterre que partout ailleurs.

Quant aux débouchés, est-ce que les innombrables comptoirs que l'Angleterre possède dans tout le monde, est-ce que cet instinct du commerce inné chez ses habitants comme chez les israélites, ne nous autorisent pas à penser qu'elle fabriquera, pendant un siècle et davantage, dix fois plus de marchandises que tous les autres peuples, et qu'en conséquence elle aura encore sur eux, sous ce rapport, pendant tout ce temps, la suprématie relativement aux prix?

Nous passerons légèrement sur les aptitudes des ouvriers anglais, aptitudes qui sont proverbiales, et non-seulement se transmettent à leurs descendants, mais encore deviennent, de génération en génération, de plus en plus grandes, ainsi que le constate la science physiologique dans tous les phénomènes du même ordre.

Nous n'insisterons pas non plus sur l'heureuse coopération de la nature, qui a réuni dans les mêmes lieux, sur le sol de la Grande-Bretagne, les principaux éléments de chacune de ses fabrications, et par suite a assuré à ses travailleurs un privilége perpétuel, ni sur les nombreux moyens de communication qu'elle possède ; car vous savez tous quelle influence exercent sur les prix la facilité et plus encore la suppression des transports.

Le milieu où les producteurs travaillent doit être particulièrement l'objet de notre attention. Jetez un regard sur ces soieries et sur maints autres objets de luxe que nous avons le privilége de fournir à toutes les nations : pensez-vous qu'il suffira à l'étranger d'embaucher quelques-uns de nos metteurs en œuvre, maîtres ou contre-maîtres, pour s'approprier facilement leurs industries respectives ? Qu'on se détrompe ! chacun d'eux a besoin de se retremper constamment dans le milieu français, centre du goût, pour conserver et régénérer ses facultés productrices. — Ce bottier renommé, — ce tailleur célèbre, — cette couturière à la mode, n'auront pas quitté Paris pendant six mois qu'ils seront devenus des ouvriers presque vulgaires. — Leur savoir-faire ne pourra donc être combattu que par une protection normale.

En fait d'acclimatation, il en est un peu de l'industrie comme des animaux et des végétaux de cersaines contrées. — Beaucoup d'entre eux ne sont pas tusceptibles d'être naturalisés ailleurs. Quelques-uns, cependant, avec des soins continuels, résistent aux déplacements, et, bien que leur vigueur, leur beauté, en soient altérées, rendent encore de grands services.

De ces diverses considérations il résulte que certains pays jouissent et qu'ils jouiront longtemps de monopoles, naturels ou artificiels, éminemment propres à accumuler les capitaux, monopoles qu'on ne peut combattre que par une protection constante, normale lorsqu'il n'est pas convenable de les accepter.

Nous voici donc bien loin des idées ayant cours, même parmi les protectionnistes, qui en général ne réclament qu'une tutelle de courte durée. Mais il faudra tôt ou tard se rendre à l'évidence.

Note 9, page 131.

DE LA PROSPÉRITÉ RELATIVE DES DIVERS ÉTATS.

Il existe dans le monde deux nations en rivalité depuis des siècles, l'Angleterre et la France. Est-il suffisant pour cette dernière nation de participer à la prospérité de la première? Non ; c'est le rapport des *richesses évaluées* de chacune de ces puissances qui doit fixer les regards de l'homme d'État.

Si la *richesse évaluée* de l'Angleterre s'accroît chaque année en progression géométrique, tandis que celle de sa rivale ne grandit qu'en suivant une proportion arithmétique, la différence entre les *richesses évaluées* de l'une et de l'autre augmentera incessamment, et en même temps une inégalité dans la force et l'influence politique de ces deux pays se fera de plus en plus sentir.

L'histoire est là qui, par malheur, à ce sujet, nous donne un triste enseignement. Les revenus de la France, qui sont maintenant inférieurs à ceux de l'Angleterre, du temps de Law étaient trois fois plus grands ; et cependant les uns et les autres ont été constamment en progrès.

En se reportant à cette dernière époque, le revenu de l'Écosse, qui était le tiers de celui de la Grande-Bretagne, n'en est plus, après un accroissement incontesté, que la vingtième partie.

En raison de la liberté du commerce maritime, la Hollande, au commencement du règne de Louis XIV, possédait vingt mille navires ; par suite des édits de Cromwell et de Colbert, la puissance maritime de cette nation s'évanouit comme une ombre.

Ainsi, parfois des peuples devront prélever de fortes taxes sur certaines marchandises étrangères, seulement dans le but de s'opposer au développement par trop rapide de la prospérité d'une nation qu'ils redoutent.

Note 10, page 172.

DISCUSSION RELATIVE A LA THÉORIE DE L'ABSENTÉISME.

Cette théorie de l'absentéisme a donné lieu, dans une séance de la Société de Statistique de Paris, à la discussion suivante, discussion à laquelle ont pris part *MM. Wolowski*, membre de l'Institut; *Dupuit*, inspecteur général des ponts et chaussées ; *Le Hir*, docteur en droit.

M. Dupuit, inspecteur général des ponts et chaussées. — La méthode qu'emploie M. du Mesnil-Marigny pour évaluer l'augmentation de richesse produite dans une ville par le séjour d'un étranger qui vient y dépenser ses revenus ne me paraît pas rationnelle. Il n'y a pas là augmentation de richesses proprement dite, il n'y a qu'un déplacement dans la production et la consommation. Si cet étranger était resté chez lui, il y aurait dépensé ses revenus, et d'autres personnes auraient réalisé les profits qu'il a fait faire aux habitants de la ville. Il ne faut pas perdre de vue que cet étranger consomme les produits qu'il achète, et que les bénéfices de ceux qui les lui vendent ne sont pas l'équivalent de ses dépenses. S'il a dépensé ou consommé pour 50,000 fr. de produits, ceux qui les ont fabriqués ou vendus n'ont peut-être réalisé qu'un bénéfice de 10,000 fr. On s'égare, du reste, toutes les fois qu'on veut évaluer la richesse publique en argent, parce que la valeur des produits diminue par le bon marché quand leur quantité augmente ; de sorte que, pour certaines denrées, la valeur totale augmente quand leur quantité diminue. Si, dans une bonne année, 100 millions d'hectolitres de froment se vendent au prix moyen de 20 fr. l'hectolitre, la récolte vaut 2 milliards ; si, dans une mauvaise année, 80 millions d'hectolitres se vendent 30 fr., la récolte se vend 2 milliards 400 millions. Dira-t-on que le revenu de la France se trouve augmenté de 400 millions ? De même pour le vin et pour une foule d'autres objets. On démolirait la moitié de Paris, que l'autre moitié vaudrait peut-être plus que le Paris actuel. La hausse des valeurs ne correspond donc pas à une augmentation de richesse, puisque la hausse qui profite au producteur nuit au consommateur. Quand on veut se rendre compte de l'effet d'une mesure économique, il ne faut pas considérer son effet sur les prix, mais sur la production. Il faut voir si elle augmente la quantité ou la qualité des choses qui ont la propriété de satisfaire nos besoins matériels ou intellectuels.

M. du Mesnil-Marigny. — La richesse qui se développe dans un pays, lorsqu'un opulent étranger vient y dépenser ses revenus, évidemment n'est pas une nouvelle richesse créée, mais bien une richesse déplacée. En restant chez lui, le touriste en aurait fait profiter son pays. Aussi n'y a-t-il aucune discussion à élever sur ce point. Mais, si quelqu'un estimait, dans l'hypothèse citée par M. Dupuit, que la France accroît son revenu de 400 millions pendant une année de disette, c'est qu'il se servirait d'une méthode défectueuse pour apprécier ce que j'appellerai sa *richesse de valeur*.

La richesse de valeur d'un pays doit s'apprécier au moyen d'une expression à laquelle nous ne donnerons ici, pour plus de simplicité, que trois termes : le premier, renfermant la valeur de ses capitaux engagés et de toutes ses réserves; le second, la valeur de sa production annuelle; et le troisième (que l'on doit retrancher de la somme des deux premiers), se composant de la valeur de la consommation annuelle.

Or, comme la France, dans une année de disette, où elle ne récolte que 80 millions d'hectolitres de grains, valeur 2 milliards 400 millions, à 30 fr. l'hectolitre, fait à peu près la même consommation qu'en temps normal, où elle récolte et consomme 100 millions d'hectolitres de grains, à 20 fr. l'hectolitre, valeur 2 milliards, il s'ensuit qu'elle est obligée d'acheter à l'étranger pour 20 millions d'hectolitres, au taux de 30 fr.

Dès lors, dans l'expression de la richesse, le terme de la consommation dépasse de 600 millions celui de la production, et la richesse générale, loin de s'accroître, décroît au contraire de 600 millions.

L'observation de M. Dupuit sur l'accroissement des valeurs par la diminution des quantités est très-fondée. Il est certain qu'on peut augmenter la valeur d'une quantité de marchandises lorsqu'on en détruit une partie. On sacrifie dans ce cas la *richesse de bien-être* à la *richesse de valeur*.

C'est ainsi que l'histoire constate qu'à certaines époques, les Hollandais ont jeté à la mer des chargements de denrées coloniales pour donner une plus grande valeur à l'ensemble de celles qu'ils conservaient.

De l'observation de M. Dupuit il résulte donc uniquement qu'il faut, pour bien connaître la richesse d'un peuple, tenir compte et de sa *richesse de bien-être* et de sa *richesse de valeur*.

Je suis complétement de cette opinion; seulement je dois faire observer que, dans mon travail sur l'absentéisme, il n'a été question que de la *richesse de valeur*.

Toutefois, j'ajouterai que la *richesse d'usage* d'une contrée est peu modifiée par le séjour qu'y fait un touriste, attendu que chaque marchandise qu'il consomme est remplacée par une marchandise de même valeur (numéraire ou denrée) qu'il fournit en échange. Cette contrée, relativement au nombre de ses habitants, n'éprouve donc presque aucune réduction dans ses objets de consommation.

Un membre. — A quoi bon distinguer la *richesse de bien-être* de la *richesse de valeur*, puisque, plus on a d'espèces, plus on peut consommer?

M. du Mesnil-Marigny.—Ces deux richesses sont d'une nature toute différente. La *richesse de bien-être*, qui est relative au nombre des besoins que l'on peut satisfaire, diffère peu dans les divers pays. En effet, les productions annuelles sont-elles supérieures à la consommation, une population nouvelle ne manque pas de surgir pour se les partager. Un déficit vient-il à se déclarer dans les productions ordinaires, une plus grande mortalité rétablit l'équilibre entre les subsistances et la population. D'où il résulte que la *richesse d'usage* ne diffère pas très-sensiblement d'un pays à l'autre. Il en est tout autrement de la *richesse de valeur*. N'est-il pas incontestable que l'Angleterre, à égalité de territoire ou de population, possède une richesse de valeur cinq à six fois plus grande que celle de la Russie?

D'ailleurs, la puissance ou la prépondérance des peuples est plutôt proportionnelle à la masse des capitaux qu'ils possèdent qu'à leur *richesse de bien-être*.

M. Wolowski, membre de l'Institut, président. —

Je n'ai pas entendu la lecture du travail de M. du Mesnil-Marigny; je ne saurais donc en étudier, en ce moment, les principes. Je me bornerai à une observation générale. La méthode qui consiste à tenir exclusivement compte de la *richesse évaluée*, au lieu de s'attacher à la *richesse d'utilité*, substitue une valeur nominale à la possession d'avantages réels. C'est ainsi que, pour citer un exemple, lorsque les chemins de fer seront revenus entre les mains de l'État, il y aura en apparence une suppression considérable de capitaux et de revenus particuliers, et cependant la richesse réelle du pays se sera sensiblement accrue, si l'État, qui n'aura pas de dividende à distribuer à des actionnaires, réduit les anciens tarifs.

Il suffit de signaler un résultat de cette nature pour se tenir en garde contre les conclusions de M. du Mesnil-Marigny. Produire beaucoup et consommer beaucoup valent mieux que produire peu et consommer peu, bien que, dans ces deux cas, il ne reste qu'une même quantité épargnée.

Quant à l'élévation des prix, il importe de distinguer celle qui provient de l'augmentation de l'aisance générale et d'une demande accrue, de celle qui tient à des moyens artificiels : dans le premier cas, l'équilibre de tous les intérêts se maintient; dans le second, l'intérêt du plus grand nombre est sacrifié au bénéfice de quelques-uns. Pour se donner la triste satisfaction d'aligner de plus gros chiffres, on diminue ce qui constitue le fond même de la richesse véritable, et, comme le chien de la fable, on lâche la proie pour l'ombre.

14

M. du Mesnil-Marigny. — Il n'y a qu'une légère nuance entre l'opinion de M. le président et la mienne. Ainsi que lui, je pense qu'il ne faut pas s'attacher exclusivement à la *richesse évaluée*, et qu'il faut s'occuper aussi de la *richesse d'utilité*, chacune de ces deux sortes de richesses ayant une grande importance.

Quant aux chemins de fer, lorsqu'ils seront passés des mains des particuliers dans celles du Gouvernement, l'expression que nous avons donnée pour mesurer la *richesse évaluée* d'un pays montrera que la somme de ses capitaux, loin de décroître en raison d'une diminution dans les nouveaux tarifs et en conséquence d'une perte partielle dans la valeur capitale des chemins de fer, se développera au contraire, attendu que les frais de transport, pour toutes les industries nationales, seront beaucoup moindres.

M. le Hir. — Je considère comme certain, pour revenir au mémoire de M. du Mesnil-Marigny, que les 50,000 fr. jetés en excédant, par un étranger, dans Paris,

1° Excitent le travail local et la production locale;

2° Appellent les produits de dehors et accroissent la production générale;

3° Augmentent le commerce extérieur, qui doit répondre aux besoins nouveaux, et en définitive donnent un grand essor à la richesse publique.

(*Extrait du* Journal de la Société de Statistique de Paris.)

Note 11, page 207.

DANS CE SIÈCLE, LA RICHESSE ÉVALUÉE DE L'ANGLETERRE
S'EST AUGMENTÉE, MAIS IL N'EST PAS CERTAIN QU'IL
EN SOIT DE MÊME DE SA RICHESSE D'USAGE.

On a prétendu qu'en Angleterre le bien-être de toutes les classes de la société avait été en s'accroissant, malgré le développement de la population, et l'on trouve, à l'appui de cette opinion, dans un ouvrage très-estimé, le passage suivant : « Lorsque la « population anglaise s'est élevée de 19 millions à « 28 millions, ses ressources se sont accrues dans de « bien plus fortes proportions. L'exportation déclarée « rée s'est montée de 36 à 59 millions de livres sterling « ling ; la marine marchande, de 24,418 bâtiments « avec 2,616,000 tonnes à 33,672 bâtiments avec « 4,520,000 tonnes ; la fortune sujette à l'impôt de « la succession, de 24 à 47 millions ; la fortune su- « jette à la taxe du revenu et à la taxe des pauvres, « de 51 à 91 millions. — Depuis lors, le progrès est « bien autrement considérable. Les exportations dé- « clarées ont monté en 1855 à près de 117 millions « de livres sterling. Le tonnage de la marine mar- « chande de l'Angleterre dépasse 5 millions de « tonnes. »

Tous ces nombres prouvent sans conteste que le produit net de l'Angleterre et son capital se sont augmentés, mais ne prouvent en aucune sorte l'augmentation de la *richesse d'usage*, qui dépend des accroissements comparés du produit brut et de la population. — En effet, l'importation d'un pays étant toujours à peu près égale à son exportation, l'une et l'autre se compensent à peu près ; d'où il résulte que leur augmentation simultanée ne fournit presque aucunes ressources nouvelles. Le même raisonnement peut s'appliquer : 1° à l'état progressif de la marine marchande : si elle apporte plus de marchandises, elle en exporte davantage aussi ; 2° à l'accroissement des fortunes sujettes soit à l'impôt de succession, soit à l'impôt du revenu, soit à la taxe des pauvres ; car les unes et les autres, pour la plupart, témoignent seulement que les capitaux sont devenus plus considérables. — Ce qu'il faudrait savoir pour juger si le bien-être de toutes les classes de la société anglaise s'est accru, c'est si les salaires, les honoraires, les traitements, enfin les revenus de toute espèce, se sont augmentés dans une proportion plus forte que le prix de l'unité moyenne de consommation, ou autrement si la quantité de nourriture, de logements, de vêtements, etc., que consomme annuellement cette société, a toujours été de plus en plus grande relativement à la population. — Sans doute, le développement de la *richesse évaluée* de l'Angleterre est irrécusable, mais sa *richesse d'usage* moyenne a dû diminuer, si l'on en juge par l'affreux paupérisme qui la ronge et par son impuissance de plus en plus constatée pour changer ce désastreux état de choses.

C'est en ne calculant pas à part et la *richesse d'usage*, et la *richesse évaluée* des peuples, que l'on arrive à pouvoir commettre de pareilles erreurs.

FIN DES NOTES.

TABLE DES MATIÈRES.

TROISIÈME PARTIE.

Distribution des richesses.

QUATRIÈME PARTIE.

De la consommation des richesses.

CINQUIÈME PARTIE.

De la population.

NOTES.

ERRATA

Page 5, ligne 22, au lieu de : qu'elle jetté — lisez : qu'elles jettent
Page 105, dernière ligne, au lieu de : 53 — lisez : 7 *bis*.

SAINT-OUEN (SEINE). — IMP. J. BOYER. (SOC. GÉNÉR. D'IMPRIMERIE ET DE LIBRAIRIE).